Chiana

DER MANGA WORKSHOP

ANLEITUNGSBUCH

INHALTS-VERZEICHNIS

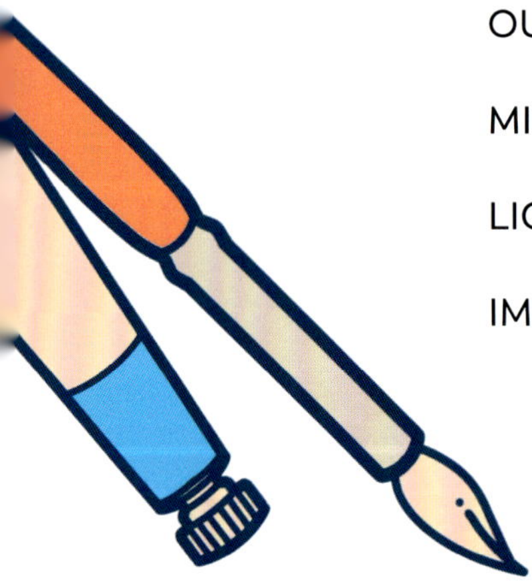

HI!

Herzlich willkommen zu deinem Manga-Workshop! In diesem Buch lernst du Schritt für Schritt, deine eigenen Manga-Figuren zu zeichnen. Während das Anleitungsbuch, welches du gerade in der Hand hältst, viele Tipps und Erklärungen zum Zeichnen bereithält, kannst du dich in dem Übungsheft direkt selbst ausprobieren. Der beiliegende Fineliner, der Sakura Pigma Micron, erlaubt es dir, direkt loszulegen!

Egal, ob du noch nie gezeichnet hast oder schon etwas Erfahrung mitbringst: Für diesen Workshop brauchst du keine Vorkenntnisse und wir fangen ganz von vorne an. Setze dich dabei nicht zu sehr unter Druck, wenn du merkst, dass du vielleicht bei einigen Dingen noch Schwierigkeiten hast. Das Zeichnen ist in erster Linie ein Hobby, das vor allem Spaß machen und dir die Möglichkeit bieten soll, dich kreativ zu entfalten und deine eigenen Ideen zu Papier zu bringen.

Danke, dass du dich entschieden hast, gemeinsam mit mir deine kreative Reise anzutreten – ich wünsche dir ganz viel Spaß und Freude an diesem Workshop!

Deine Chiana ♡

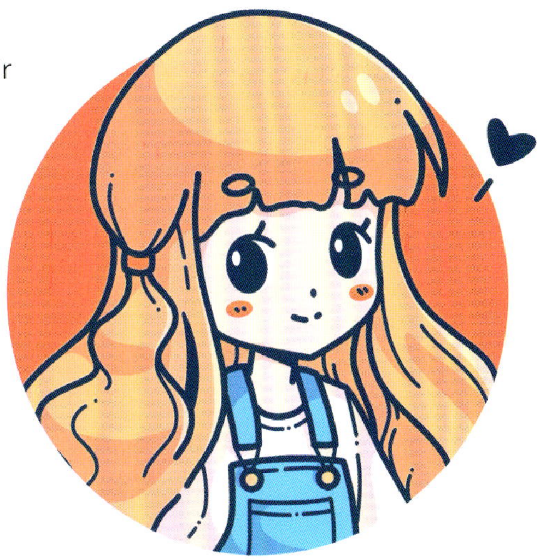

ZEICHNEN IM MANGA-STIL

Es gibt unzählige verschiedene „Manga-Stile", doch eines haben alle Zeichnungen dieser Stilrichtung gemeinsam: Es handelt sich um eine vereinfachte, reduzierte Darstellung von realen Menschen oder auch Tieren und Gegenständen. Daher ist es immer sinnvoll, sich auch anzuschauen, wie eigentlich das „Original" funktioniert.

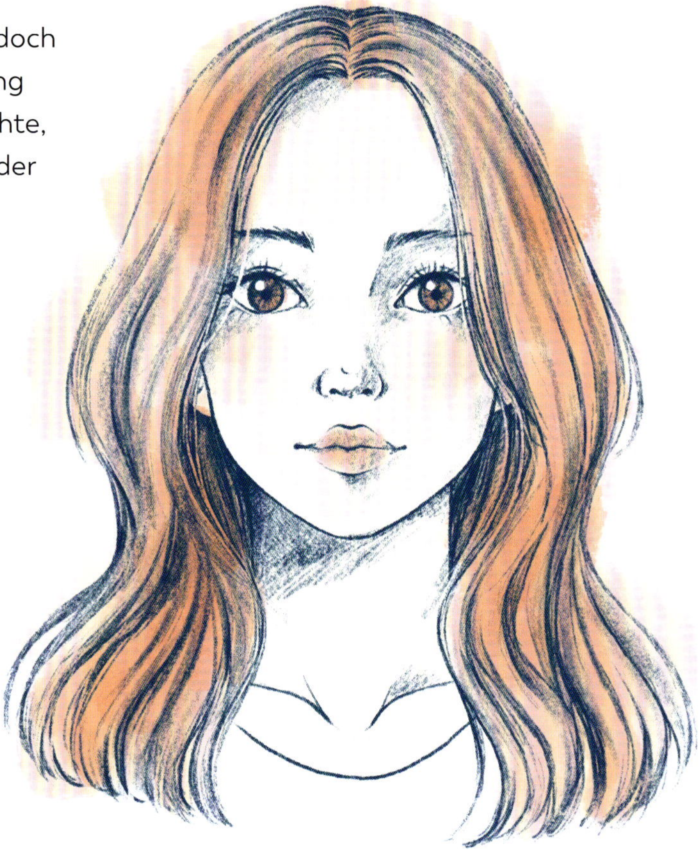

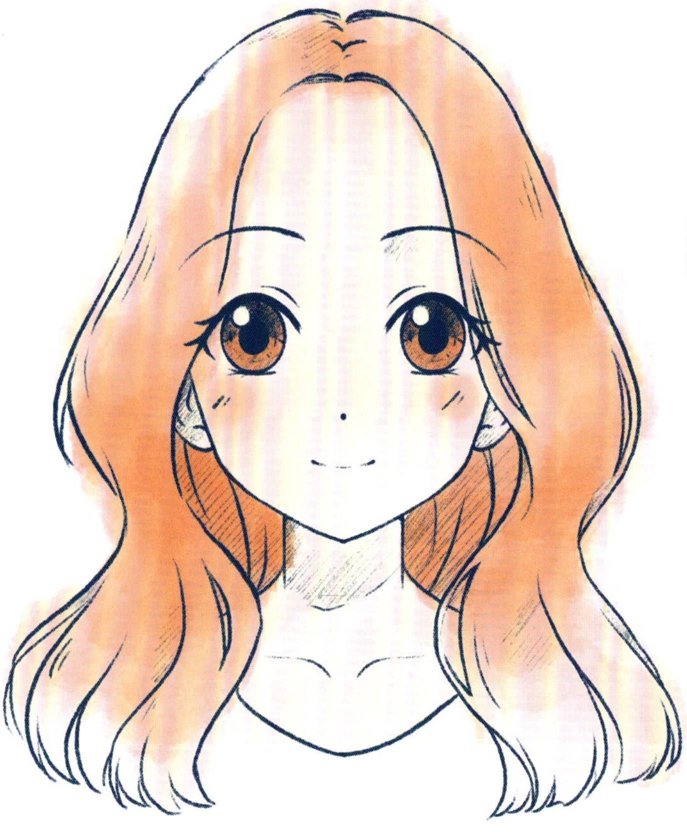

Möchtest du also zum Beispiel Gesichter im Manga-Stil zeichnen, ist es gut zu wissen, wie reale Gesichter aussehen und wie man die einzelnen Bestandteile eines Gesichts mit wenigen Linien darstellen kann.

REFERENZEN

Wenn du die Möglichkeit hast, solltest du dir deshalb Referenzen für das suchen, was du zeichnen möchtest. Das können Fotos, aber auch Abbildungen in Büchern oder andere Darstellungen sein. Doch Vorsicht: Es ist wenig hilfreich, einfach nur das zu kopieren, was du in anderen Zeichnungen siehst. Der Schlüssel dazu, besser im Zeichnen zu werden, ist nämlich, zu wissen, warum du welche Linie an welche Stelle setzen musst. Wenn du das verstanden hast, ist das der erste Schritt, um dir selbst im Klaren darüber zu werden, wie du die Vorstellung in deinem Kopf umsetzen kannst.

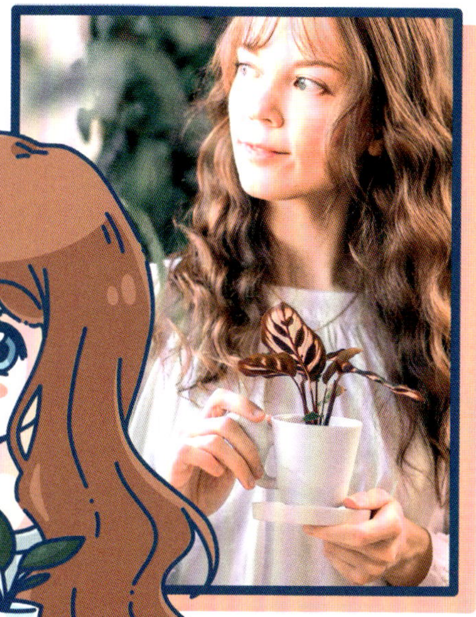

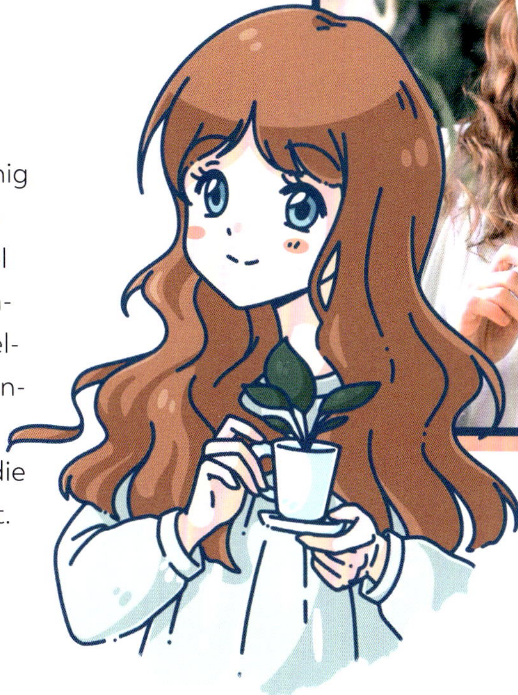

DEINEN STIL FINDEN

Am Anfang deiner Reise als Manga-Artist ist es ganz normal, dass du noch nicht „deinen" eigenen Stil hast. Das ist vergleichbar mit dem Schreibenlernen: Anfangs kopierst du die Buchstaben, aber je geübter du wirst, desto mehr entwickelst du deine ganz persönliche Handschrift. Dabei ist es auch völlig in Ordnung, wenn du dir die Stile anderer Artists anschaust und überlegst, welche Elemente dir besonders gut gefallen und ob du sie vielleicht in deinen eigenen Stil übernehmen möchtest.

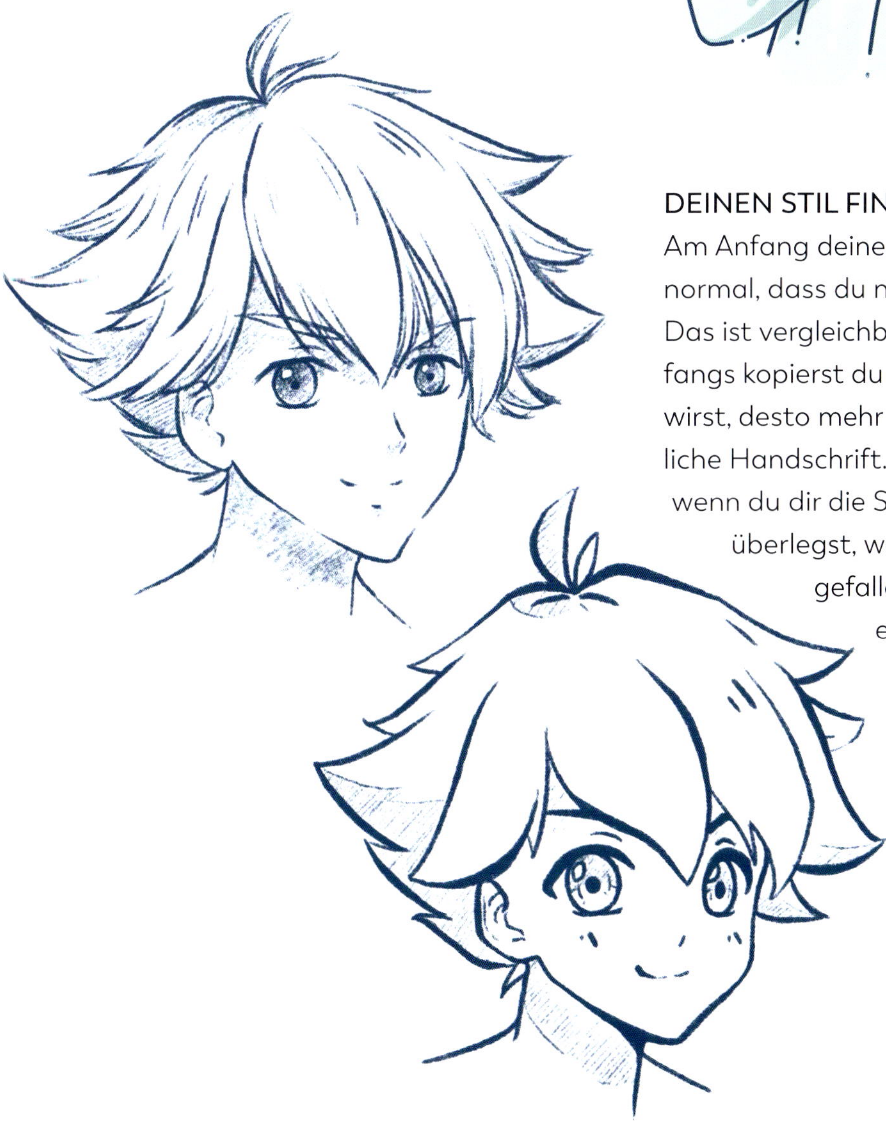

ZEICHENMATERIAL

Zu Beginn brauchst du nicht viel Material. Für deine ersten Skizzen reichen zunächst Papier, Bleistift und vielleicht noch ein Radiergummi. Möchtest du sie aber noch ausarbeiten und kolorieren, können noch einige weitere Dinge hilfreich sein. Schauen wir uns also gemeinsam an, was du brauchst oder welche Materialien du bei Bedarf austesten kannst.

Bleistift

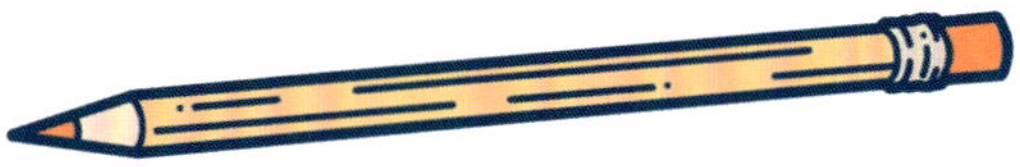

Wahrscheinlich hast du bereits den ein oder anderen Bleistift zu Hause. Für Skizzen eignen sich hier am besten die Stärken HB oder B, aber verwende gern das, was du bereits hast. Auch Druckbleistifte sind eine Überlegung wert, denn sie brauchen nicht gespitzt zu werden und behalten immer die gleiche Linienstärke.

Geodreieck/Lineal

Ein Geodreieck oder ein Lineal sind sehr nützlich zum Zeichnen von Hilfslinien. Wenn du gerade nichts davon zur Hand hast, tut es auch ein dickeres Stück Pappe oder ein Gegenstand mit gerader Kante – beim Zeichnen ist jedes Hilfsmittel erlaubt!

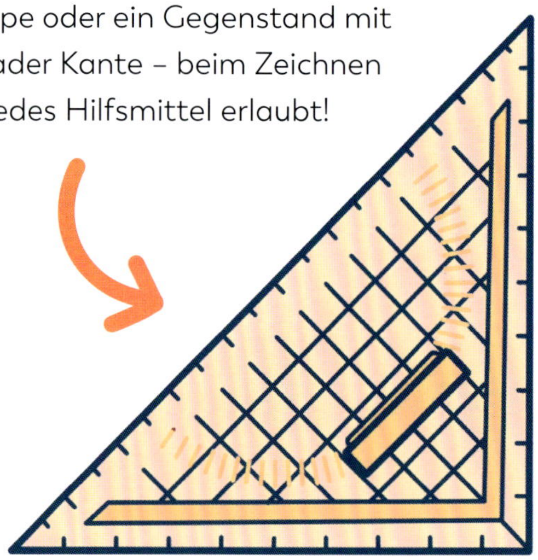

Radiergummi

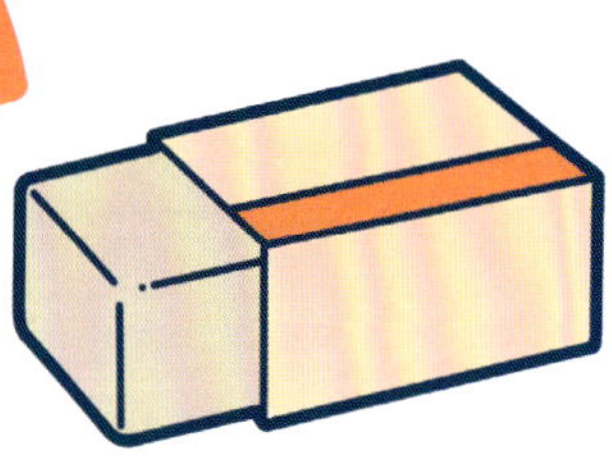

Nicht immer sitzen die Linien auf Anhieb – um einen Radiergummi kommst du kaum herum. Es gibt sie in verschiedenen Formen und Größen. Achte darauf, dass sie nicht zu hart sind, das könnte deinem Papier beim Radieren schaden. Für kleinere Stellen gibt es Radiergummis in Stiftform, mit denen du präziser arbeiten kannst.

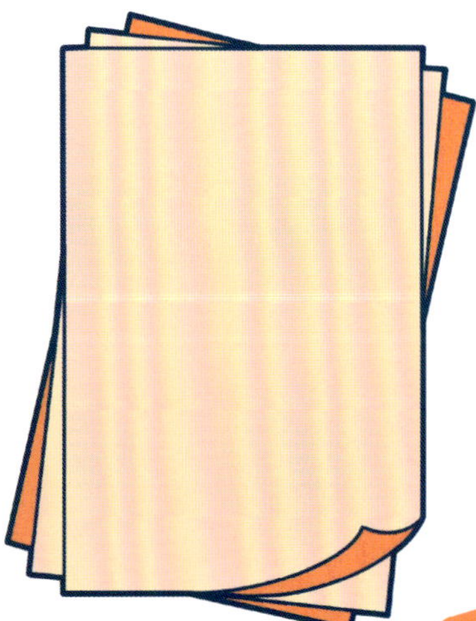

Papier

Zum Skizzieren eignet sich für den Anfang ganz normales Kopierpapier. Wenn du aber mit Farbe arbeiten möchtest, hängt die Wahl deines Papiers von deinem Medium ab: Während für Buntstifte etwas dickeres, glattes Papier gut geeignet ist, gibt es für Aquarellfarben oder Alkoholmarker jeweils spezielles Papier mit unterschiedlichen Eigenschaften. Am besten, du lässt dich hier im Künstlerbedarfsgeschäft beraten oder recherchierst online.

Fineliner

Beim Zeichnen im Manga-Stil arbeiten viele Artists mit Konturen, auch Outlines genannt. Traditionell benutzen Mangaka – so nennen sich die Menschen, die Manga zeichnen – dazu Feder und Tusche, aber einfacher ist es zunächst mit einem Fineliner.

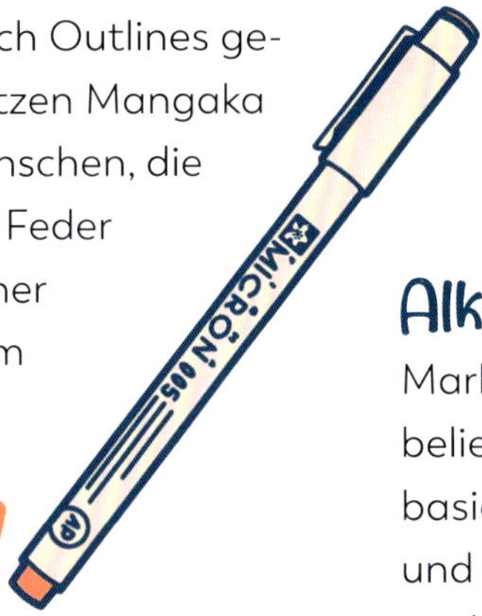

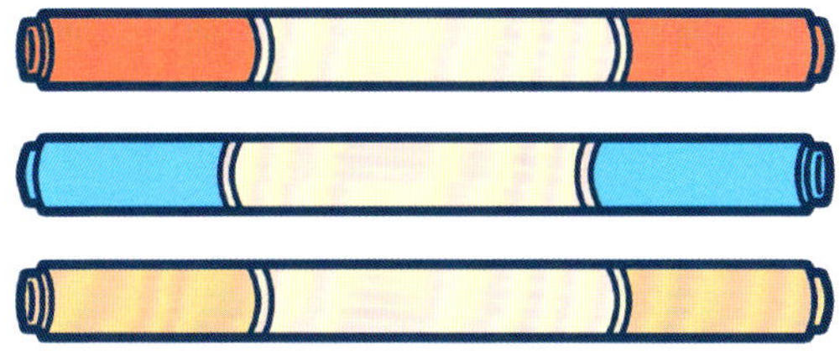

Alkoholmarker

Marker auf Alkoholbasis sind bei vielen Artists sehr beliebt, da man mit ihnen im Gegensatz zu wasserbasierten Filzstiften sehr ebenmäßige Farbflächen und weiche Farbverläufe erschaffen kann. Leider sind sie meistens etwas teurer und daher eher eine Überlegung wert, wenn du schon etwas länger zeichnest.

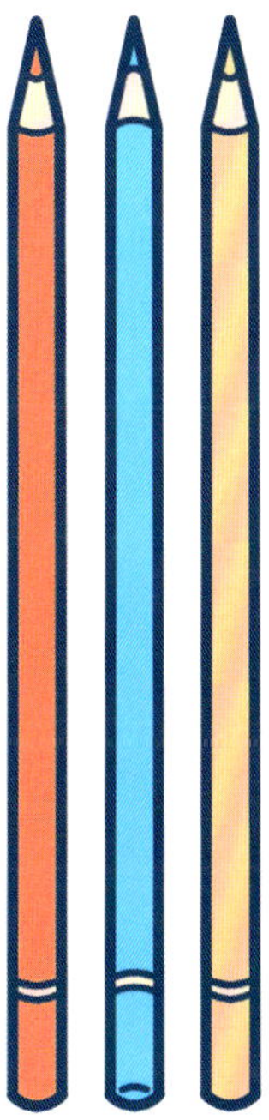

Buntstifte

Wahrscheinlich hast du bereits Buntstifte zu Hause – sie sind für den Anfang super, um mit Farben zu experimentieren, bevor du in teurere Materialien investierst. Am besten eignen sich etwas weichere und ölige Buntstifte, die viel Farbe abgeben und eine gute Leuchtkraft haben.

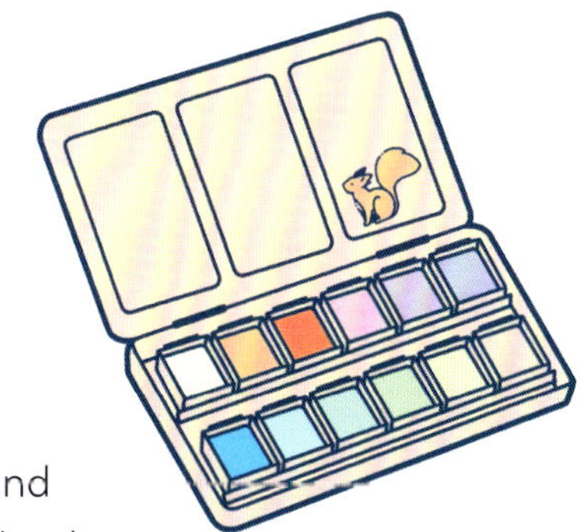

Pinsel und Farbe

Zum Kolorieren von Manga-Zeichnungen eignen sich auch Aquarell-, Acryl- oder Gouachefarben. Sie alle haben spezielle Eigenschaften und erzeugen ihren ganz eigenen Look, sodass du ausprobieren solltest, welcher dir am meisten zusagt. Achte nur darauf, dass du Papier verwendest, das sich mit dem entsprechenden Medium verträgt und nicht zu dünn ist oder sich wellt.

Digitales Zeichnen

Im Gegensatz zum traditionellen Zeichnen hast du beim digitalen Arbeiten die Möglichkeit, Farben nachträglich zu verändern, Schritte rückgängig zu machen oder Formen anzupassen.

Zum digitalen Zeichnen benötigst du ein (Grafik-)Tablet mit einer Zeichensoftware. Es gibt viele verschiedene Varianten und Preisklassen, also recherchiere vorher am besten, was für dich geeignet ist.

Sakura Micron Fineliner

Zum Zeichnen der Outlines kannst du prima den Sakura Pigma Micron Fineliner verwenden, der dieser Mappe beiliegt. Er kommt in der Stärke 0.45 mm und der Farbe Braun, es gibt ihn aber auch noch in anderen Ausführungen. Da er schnell trocknet und außerdem auch wasserfest ist, lässt er sich auch bestens mit anderen Medien kombinieren.

GESICHTER ZEICHNEN

Jetzt geht's endlich los mit dem Zeichnen! Als erstes schauen wir uns das Gesicht an, denn das ist bei Manga-Charakteren am wichtigsten. Es gibt viele verschiedene Möglichkeiten, um an den Aufbau eines Gesichts heranzugehen. Hier zeige ich dir eine Methode mit Hilfslinien, die sich gut eignet, wenn du noch nicht so viel Erfahrung mit dem Zeichnen hast. Je geübter du wirst, desto eher kannst du sie nach und nach weglassen!

GESICHT VON VORN

Schritt 1: Die Basis

Das Grundgerüst für ein Gesicht besteht aus einem Kreis, durch den du ein Kreuz zeichnest. Nimm hier gern ein Geodreieck oder einen Zirkel zur Hilfe, damit es möglichst symmetrisch wird, denn wenn schon die Basis schief ist, wird es das fertige Gesicht vermutlich auch. Zeichne unter den Kreis noch eine weitere horizontale Hilfslinie.

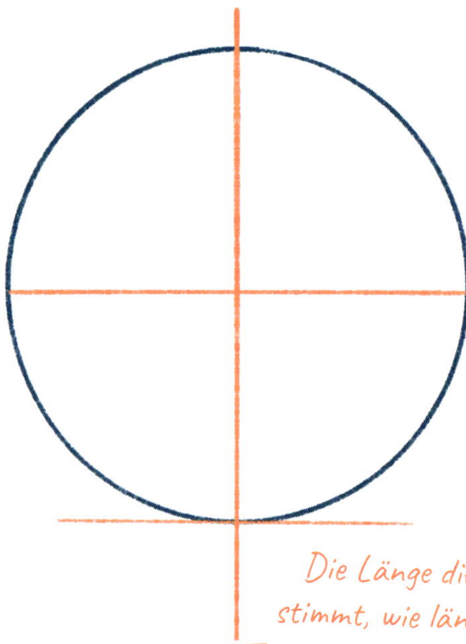

Die Länge dieser Linie bestimmt, wie länglich oder rund dein Gesicht wird!

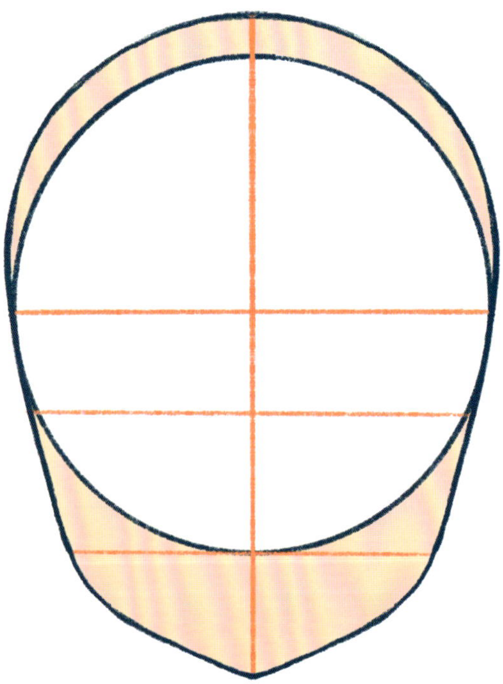

Schritt 2: Die Gesichtsform

Ziehe nun, ausgehend von den Seiten des Kreises bis zur Höhe der vertikalen Hilfslinie zwei Linien. Die obere verlängert die Gesichtsform etwas, während die untere leicht schräg nach innen verläuft und am unteren Ende der Hilfslinie einen leicht spitzen Winkel bildet – das Kinn deiner Figur.
Ziehe dann noch eine weitere Linie in die Mitte deines fertigen Kopfs. Sie ist ein wichtiger Anhaltspunkt für den nächsten Schritt!

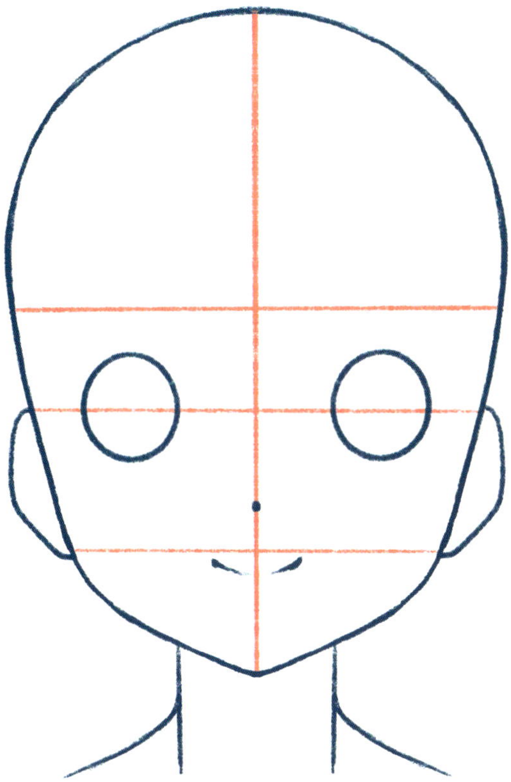

Schritt 3: Position von Augen, Nase und Mund

In der Mitte des Kopfs befinden sich nämlich die Augen – zeichne sie erst einmal in Form zweier Kreise in die Mitte der Gesichtshälften. Auf die vertikale Mittellinie kommen dann noch ein Punkt als Nase sowie ein sanfter Bogen für den Mund. Zwischen die beiden Hilfslinien kannst du außerdem an den Seiten des Kopfs die Form der Ohren einzeichnen. Füge zuletzt noch den Hals hinzu und deute die Schultern an. Der Hals sollte bei weiblichen Figuren etwas schmaler sein als die Hälfte des Kinns.

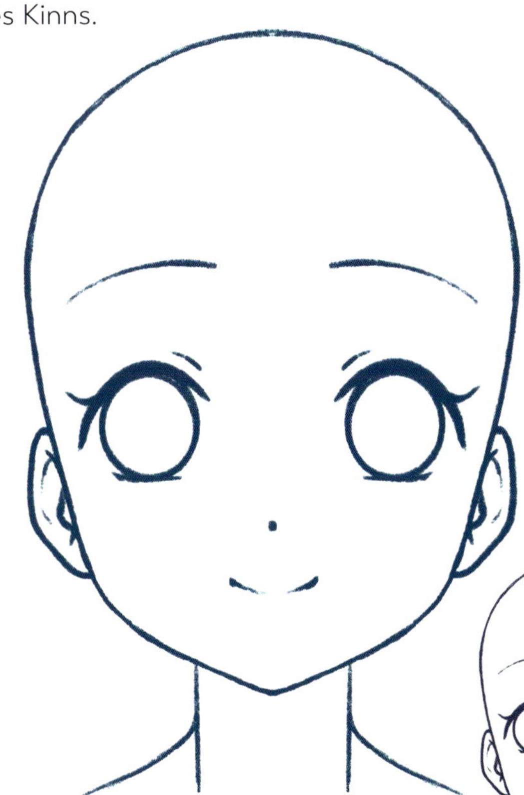

Schritt 4: Details im Gesicht

Die Hilfslinien kannst du nun wegradieren. Damit die Kreise mehr nach Augen aussehen, zeichne je einen Bogen darüber, den du auch gern etwas dicker machen kannst. Unter den Kreis kommt ein Strich, der die Unterseite des Auges darstellt. Deute auch noch Wimpern an, ebenso wie die Lidfalte in Form eines kleinen Strichs über dem Auge. Vergiss die Augenbrauen nicht – es sind zwei dünne Striche, die dem Verlauf der Augenform folgen. Auch in die Ohren kannst du noch ein paar Details einzeichnen.

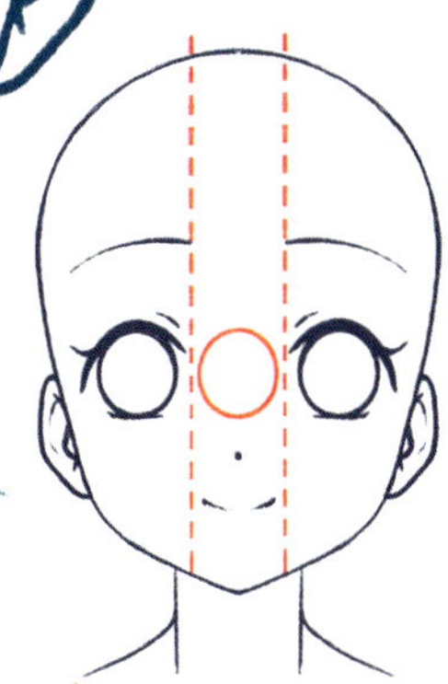

Ein guter Anhaltspunkt für das Zeichnen von Gesichtern: Zwischen den Augen sollte ungefähr Platz für ein weiteres sein!

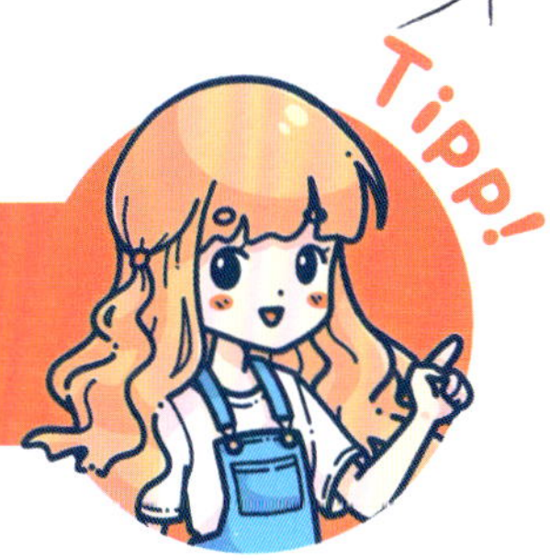

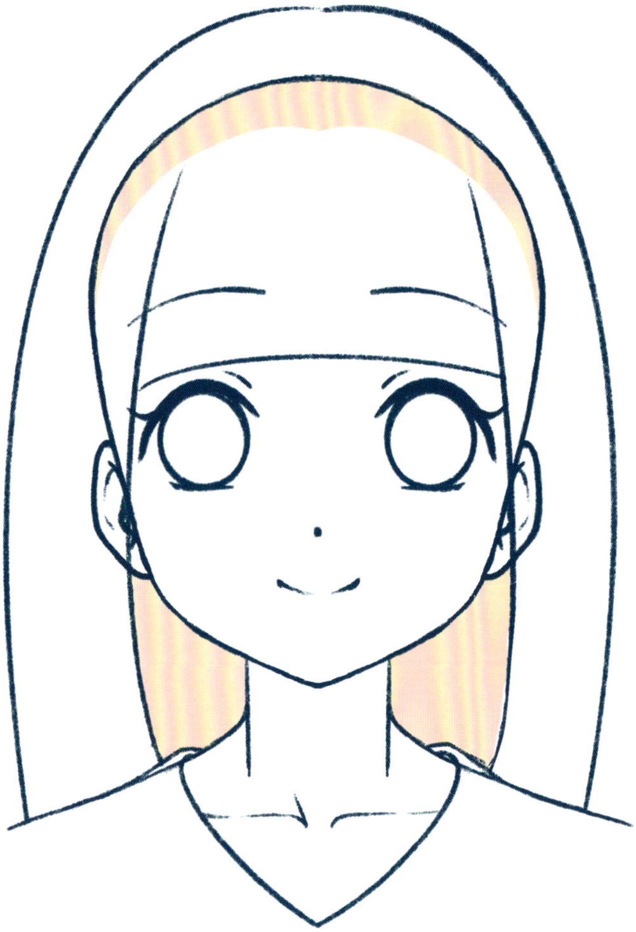

Schritt 5: Haare einzeichnen

Deine Figur braucht noch Haare! Zeichne dafür zunächst nur die grobe Form ein. Diese Figur hier trägt lange, glatte Haare und einen Pony. Viele Manga-Figuren haben sehr volles Haar, gib also ruhig etwas Volumen zur Kopfform hinzu und pass auf, dass die Haare nicht zu sehr am Gesicht „kleben". Du kannst außerdem noch die Kleidung andeuten und die Schlüsselbeine einzeichnen.

Der eingefärbte Bereich unten zeigt die „Innenseite" der Haare, die später dunkler wird. Der eingefärbte Bereich oben zeigt den Haaransatz.

Schritt 6: Haare ausarbeiten

Jetzt kannst du einzelne Strähnen einzeichnen, die dem Verlauf der Kopfform folgen. Wenn das noch nicht ganz klappen sollte, keine Sorge: Wir schauen uns später noch genauer an, wie das mit den Haaren funktioniert. Fürs Erste kannst du dich an der Zeichnung hier orientieren.

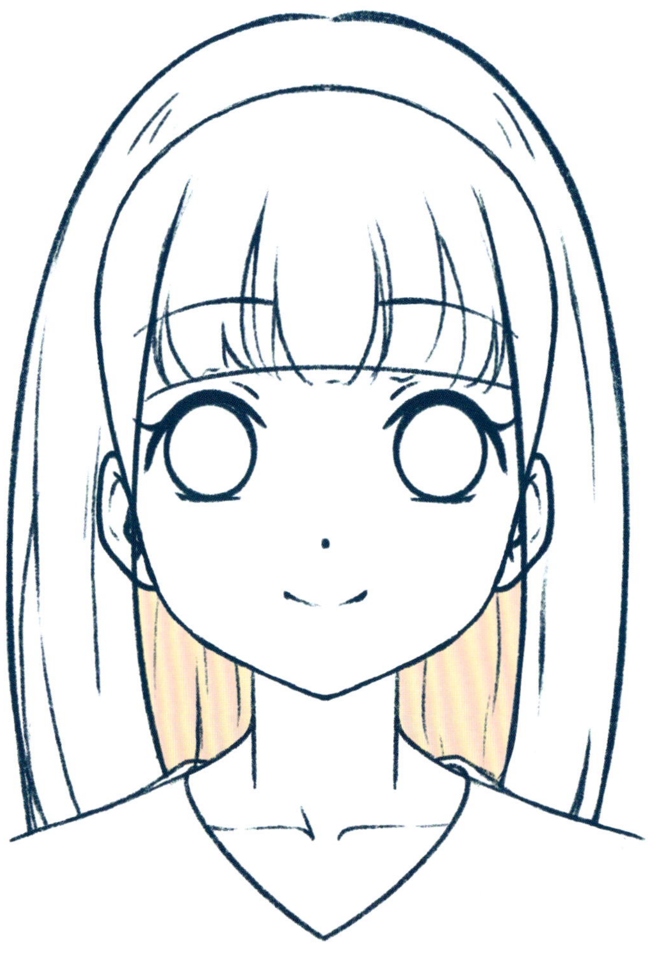

Schritt 7: Letzte Feinheiten

Fast fertig! Radiere nun die Linien weg, die von den Haaren verdeckt werden. Außerdem kannst du den Augen noch etwas Leben einhauchen, indem du in die Mitte einen Punkt als Pupille setzt und in eine der Ecken einen kleinen Kreis als Lichtreflex. Eine leichte Schraffur vervollständigt deine Skizze.

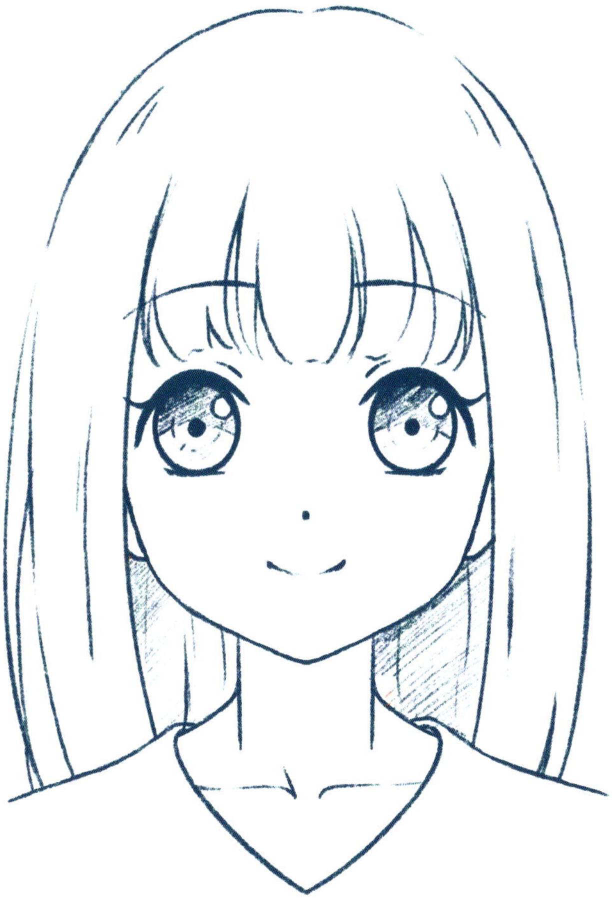

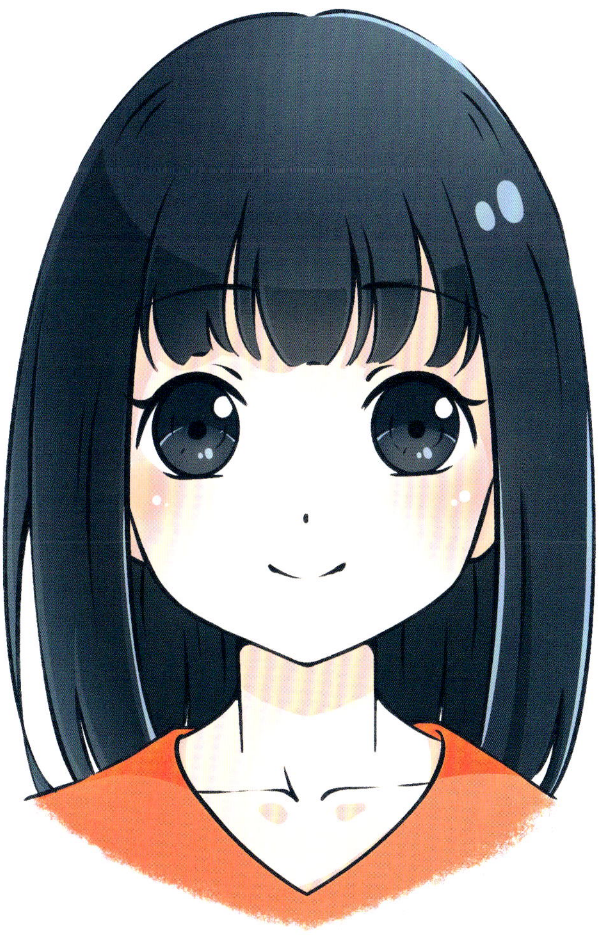

Oft zeichnet man im Manga-Stil die Augenbrauen über die Haare, da sie so wichtig für den Gesichtsausdruck sind.

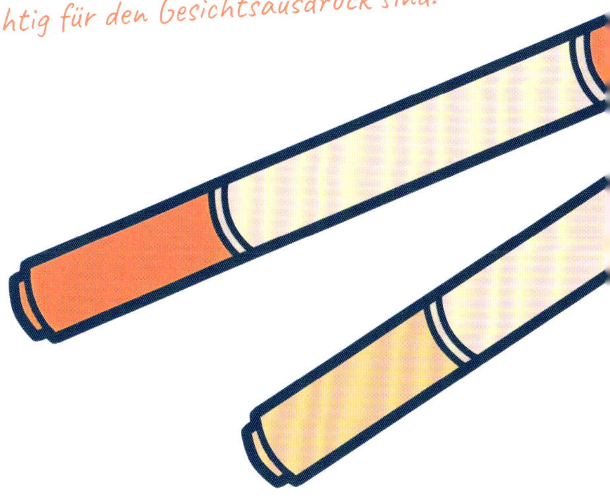

AUGEN

Es gibt viele verschiedene Möglichkeiten, Augen im Manga-Stil zu zeichnen. Eines haben sie jedoch alle gemeinsam: Sie orientieren sich an echten, menschlichen Augen. Lass uns deshalb zuerst einen Blick auf ein „echtes“ Auge werfen, um zu verstehen, wie es funktioniert.

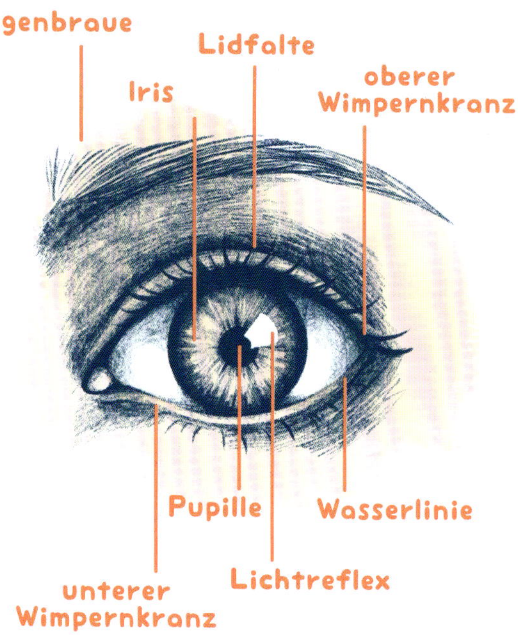

Augen sind eigentlich runde Kugeln, von denen aber nur ein Teil sichtbar ist. Das im Kopf zu behalten hilft dir vor allem später bei schwierigeren Perspektiven.

Schritt 1: Die Iris

Wir beginnen mit der Iris, für die wir einen Kreis zeichnen. Je nach Augenform kann das auch ein Oval sein.

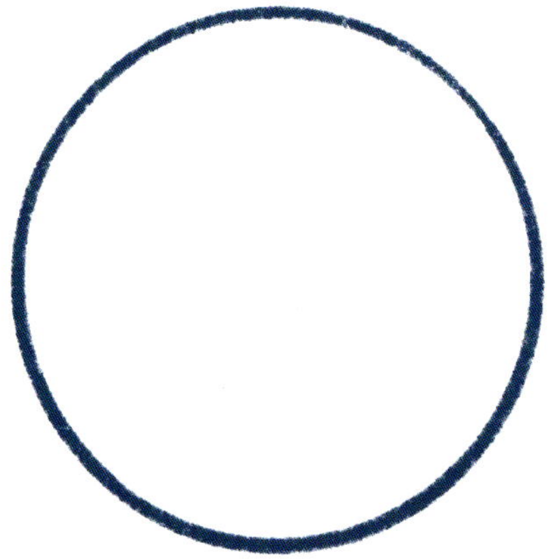

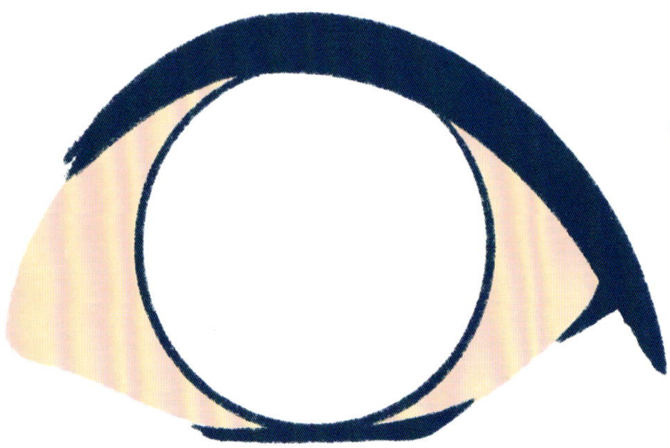

Schritt 2: Die Augenform

Zeichne als nächstes eine geschwungene Linie über und eine unter die Iris, um die Augenform anzudeuten. Auch, wenn man im Manga-Stil meist nicht die komplette Form zeichnet, sollten sich die Linien immer noch zu einer geschlossenen Form verbinden lassen!

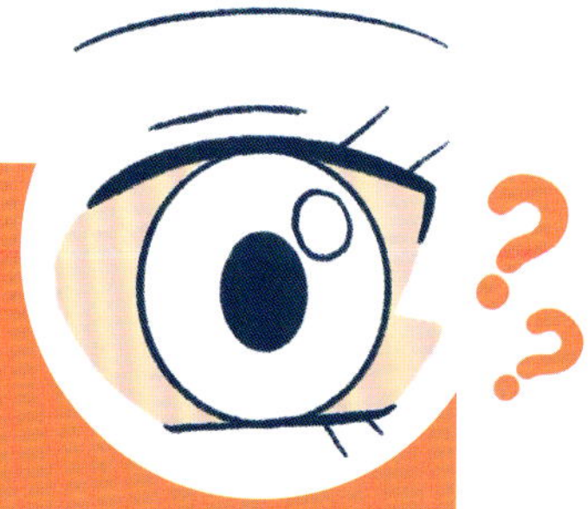

Aufgepasst!
Dieses Auge sieht zwar gar nicht schlecht aus, aber bei genauem Hinschauen kann man feststellen, dass sich aus dem oberen und dem unteren Wimpernkranz keine geschlossene Form bilden lässt.

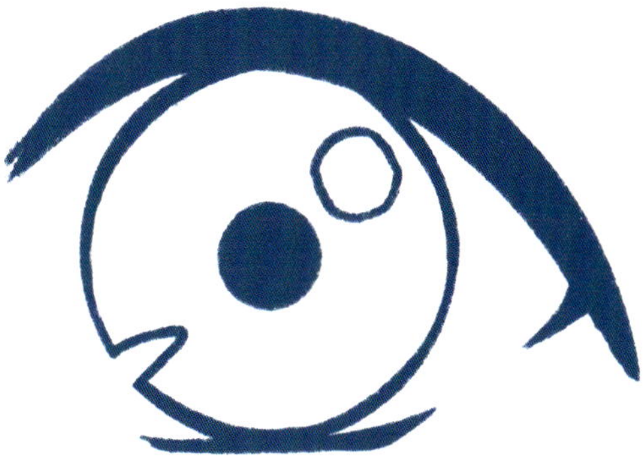

Schritt 3:

Pupille und Lichtreflexe

Für die Pupille zeichnest du einfach einen Kreis in die Mitte. Dann kommen noch Lichtreflexe hinzu – wenn du ein Augenpaar zeichnest, solltest du darauf achten, dass sich diese jeweils auf der gleichen Seite befinden.

Schritt 4:

Augenbraue und Details

Jetzt kannst du Augenbraue und Lidfalte hinzufügen, die ungefähr der Form des Auges folgen. Setze außerdem, wenn du magst, noch ein paar einzelne Wimpern an den äußeren Rand des Auges. Dort, wo ein Schatten auf dem Auge liegen würde, kannst du eine gebogene Linie durch das Auge ziehen und zusätzlich mit ein paar Linien noch die Struktur der Iris andeuten.

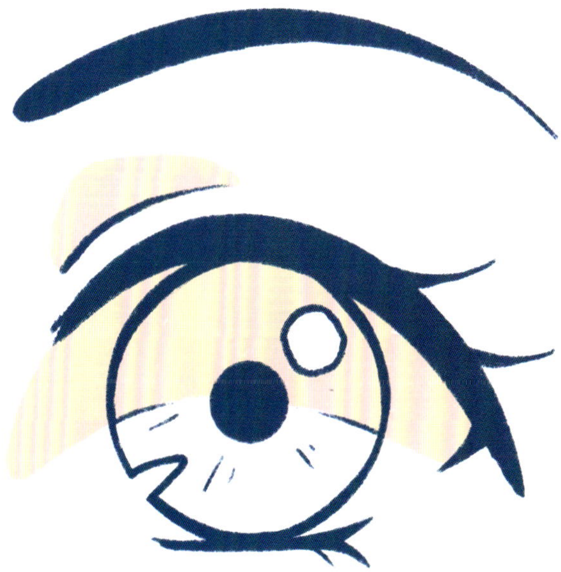

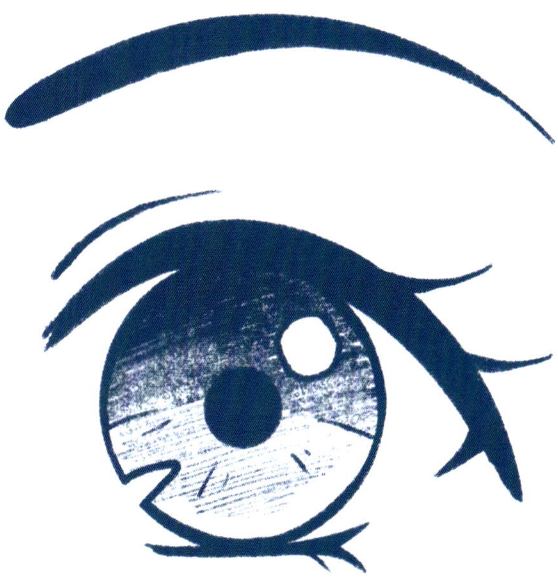

Schritt 5: Schattierung

Besonders schön ist es, wenn du dann noch Schatten hinzufügst. Das kannst du mit einer gleichmäßigen Schraffur machen, die von oben nach unten langsam heller wird.

VERSCHIEDENE AUGENFORMEN

Im Manga-Stil gibt es nicht nur eine Art, um Augen zu zeichnen, sondern du kannst sie ganz individuell deiner Figur anpassen. Die Augenform sagt nämlich sehr viel über den Charakter aus: Große, runde Augen deuten eher auf eine freundliche und aufgeschlossene Person hin, während schmale und leicht eckige Augen eher zu einer ernsten, zurückhaltenden Figur passen.

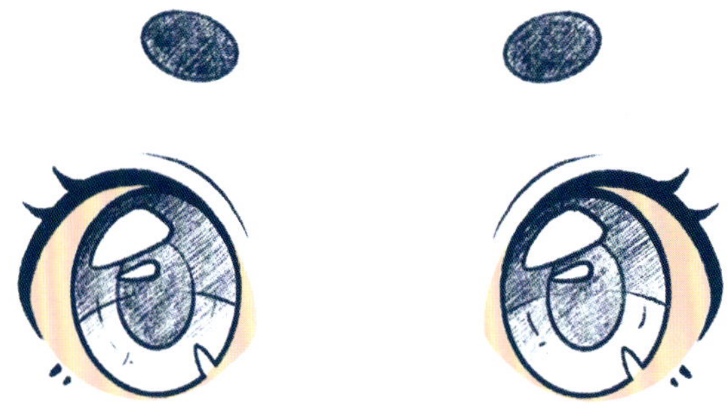

Du kannst auch die Form der Augenbrauen und die Anzahl der Lichtreflexe variieren. Diese Augen passen gut zu einem frechen, selbstsicheren Charakter.

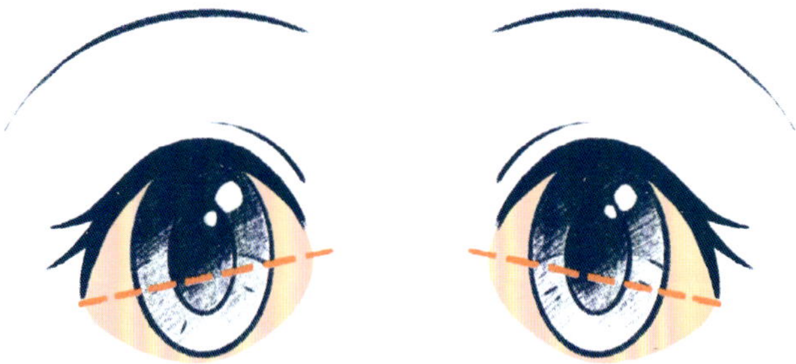

Achte auch auf den Winkel der Augen: Liegt die äußere „Spitze" der Augen niedriger als die innere, wirken die Augen unschuldiger.

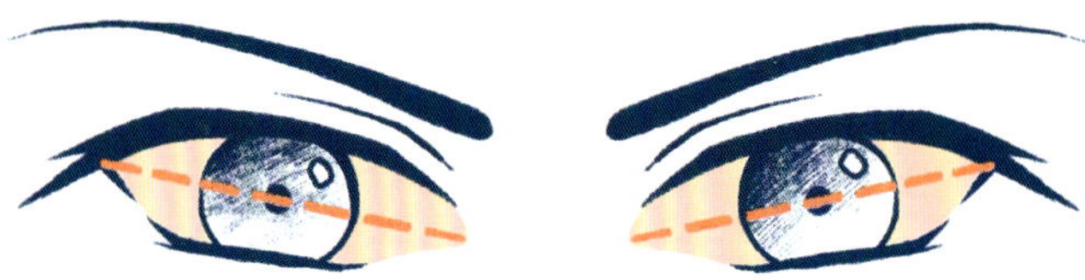

Sind die Augen hingegen nach innen geneigt, wirkt der Blick entschlossen und zielgerichtet.

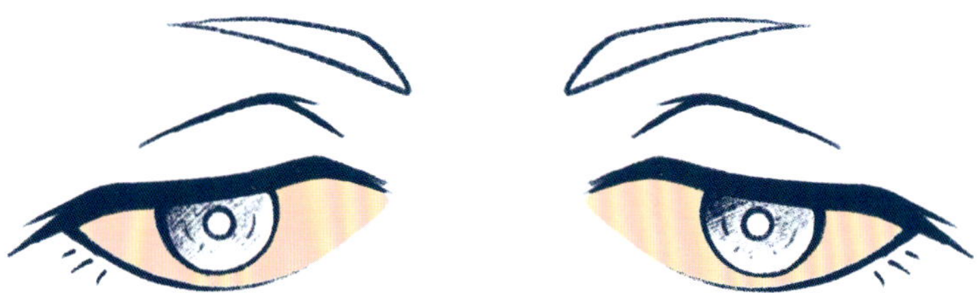

Halbgeschlossene Augen und weiße Pupillen ohne Lichtreflexe lassen die Figur verrückt und etwas durchgedreht wirken.

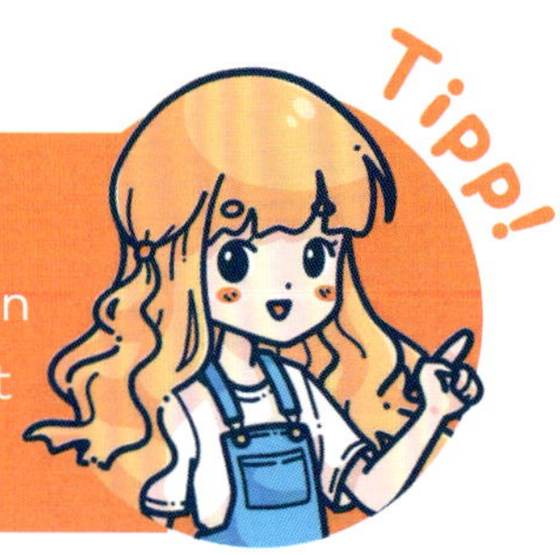

Zum Zeichnen eines Augenpaares gehst du am besten etappenweise vor, indem du jeden Zeichenschritt zuerst links, dann rechts gehst. Dann kann es dir nicht passieren, dass du ein perfekt gezeichnetes Auge hast und ein zweites, das einfach nicht aussehen will wie das erste ;)

MÜNDER & NASEN

Im Gegensatz zu realistischen Zeichnungen werden Münder und Nasen im Manga-Stil besonders reduziert dargestellt. Das macht sie sehr viel einfacher zu zeichnen, und genau wie bei den Augen gibt es auch hier mehrere Varianten, die du ausprobieren kannst.

NASEN

Bisher haben wir die Nase mit einem einfachen Punkt dargestellt. Das ist die reduzierteste Form, die sie annehmen kann – außer, man lässt sie ganz weg, das funktioniert auch. Es gibt jedoch auch andere Möglichkeiten, sie zu zeichnen, bei denen du dich vor allem darauf konzentrierst, den Nasenrücken und/oder die Nasenlöcher darzustellen. Die Nasenflügel hingegen werden meistens weggelassen. Du kannst die Nase auch über den Schatten andeuten, den sie wirft!

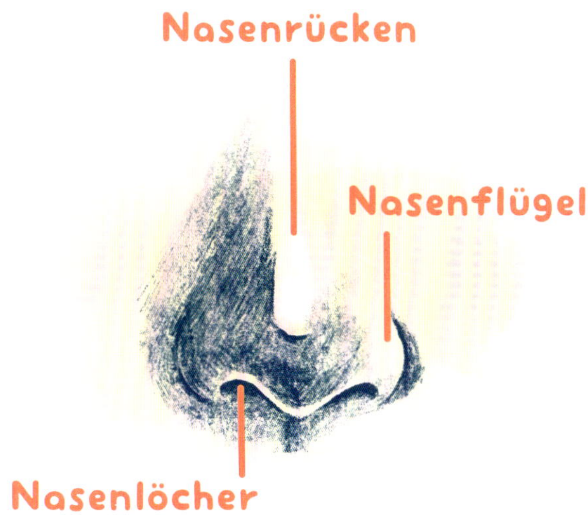

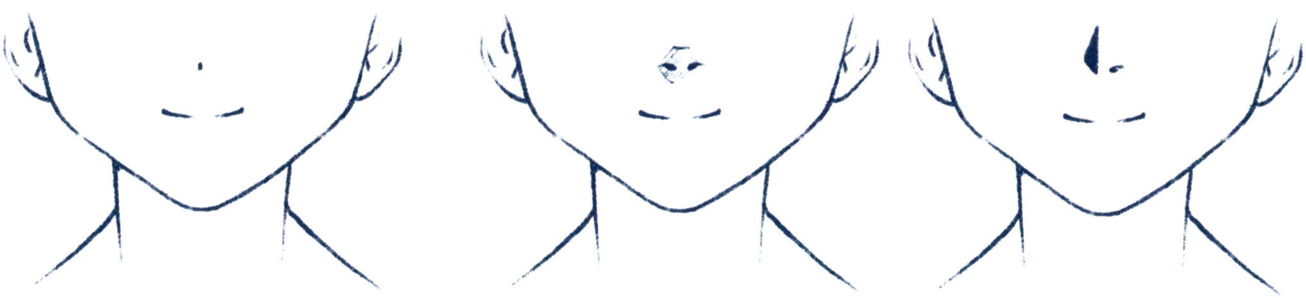

VON DER SEITE

Von der Seite betrachtet können Nasen sehr individuell sein. Mit verschiedenen Nasenformen kannst du deinen Figuren noch mehr Charakter verleihen!

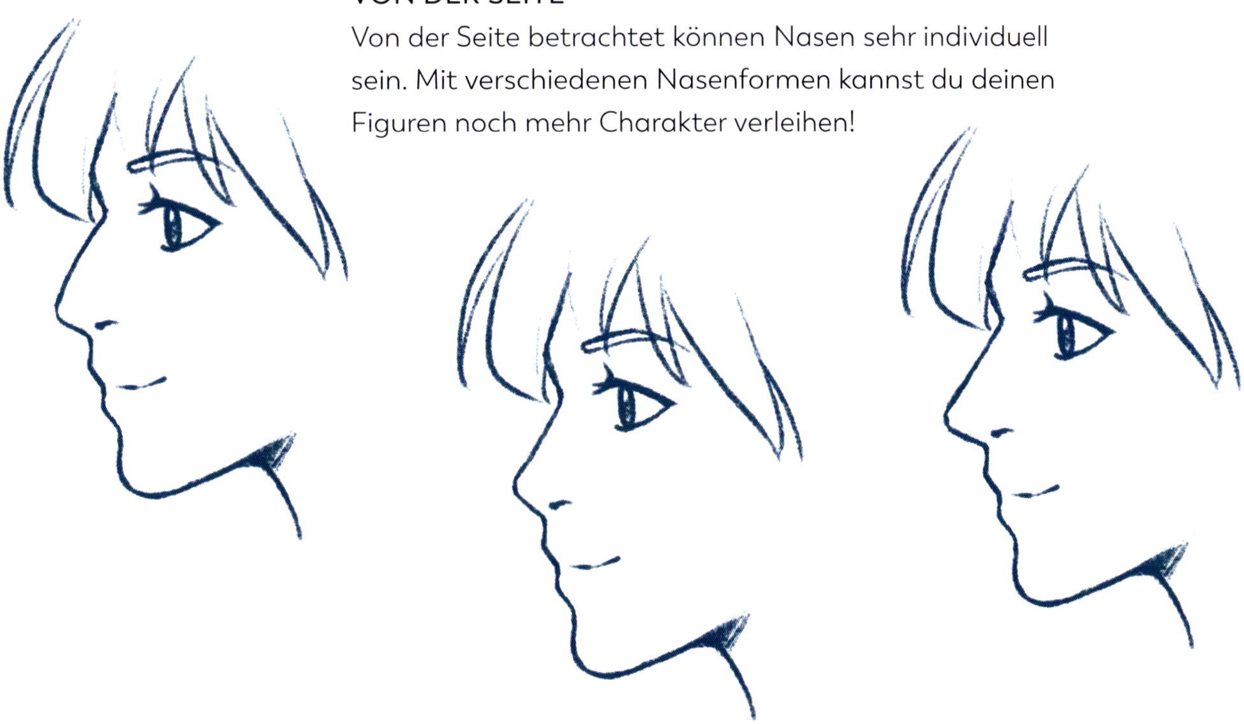

MÜNDER

Für die Mundform reicht im Grunde genommen eine einzige Linie aus. Diese kannst du an den Mundwinkeln etwas dicker zeichnen, da sich dort Schatten befinden. Wenn du magst, kannst du allerdings auch die Unter- und/oder die Oberlippe andeuten – entweder mit einem kleinen Strich oder mit einem Schatten.

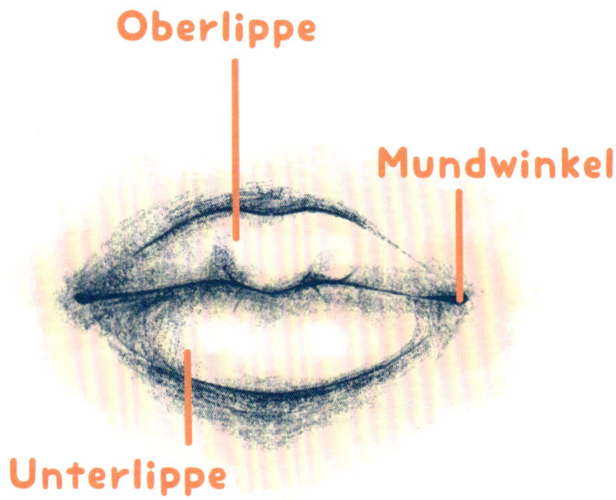

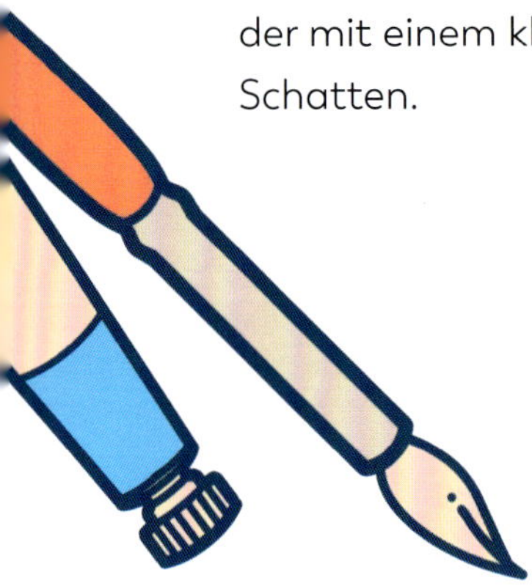

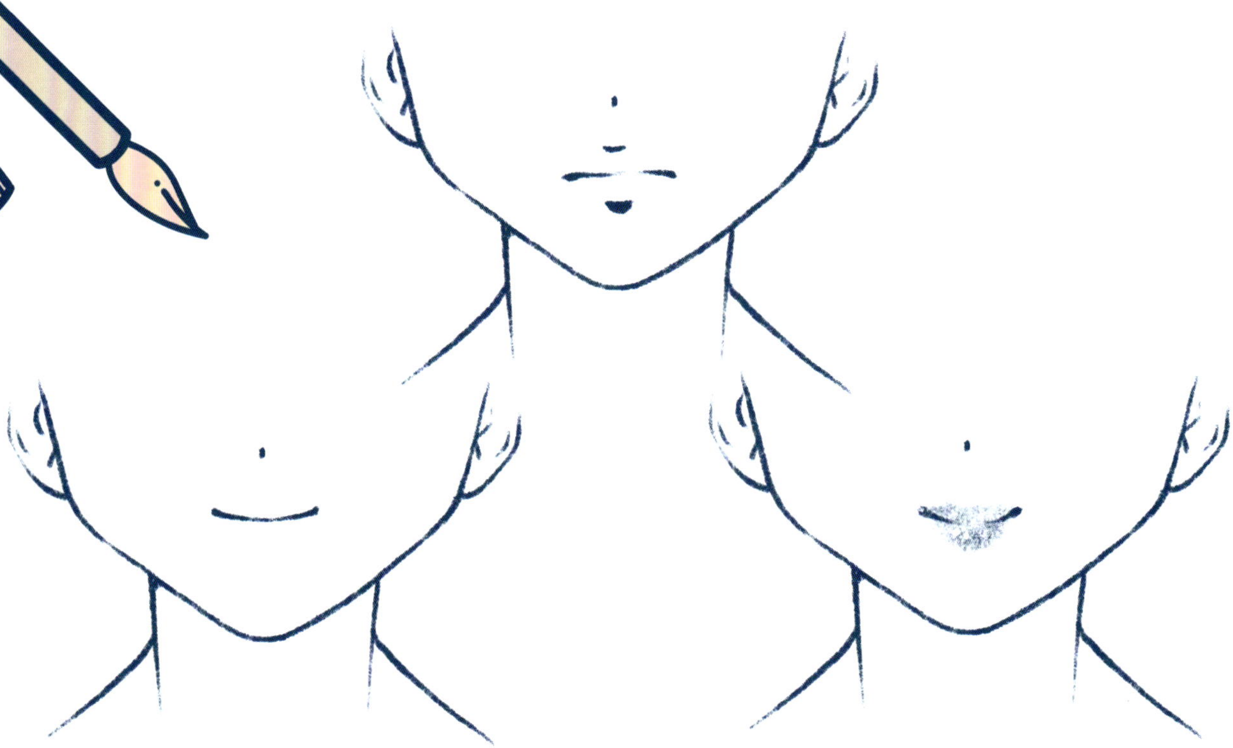

IN BEWEGUNG

Über die Form des Mundes kannst du sehr gut Emotionen darstellen, es aber auch so aussehen lassen, als würde dein Charakter gerade sprechen. Bei geöffneten Mündern kannst du Zunge und Zähne andeuten, damit der Mund nicht zu leer wirkt.

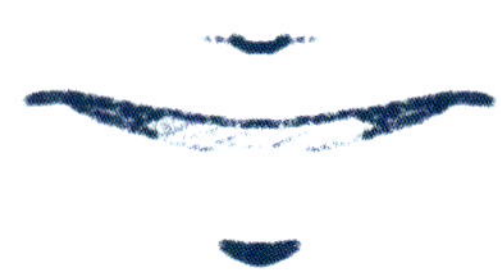

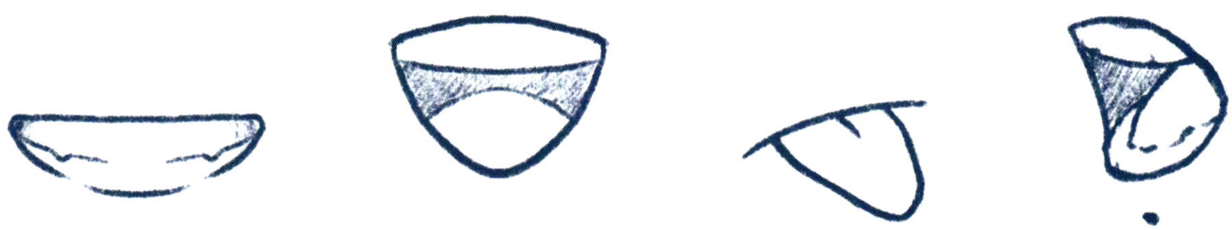

OHREN

Auch, wenn Ohren zunächst etwas kompliziert aussehen, kannst du sie im Manga-Stil vereinfacht darstellen und musst nicht jedes kleine Detail einzeichnen.

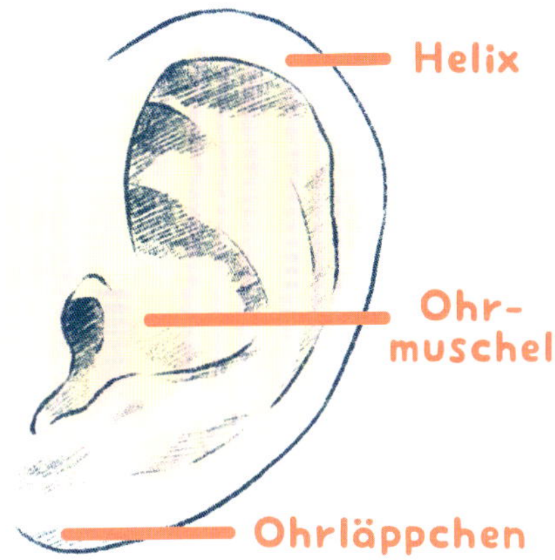

Schritt 1: Die Grundform

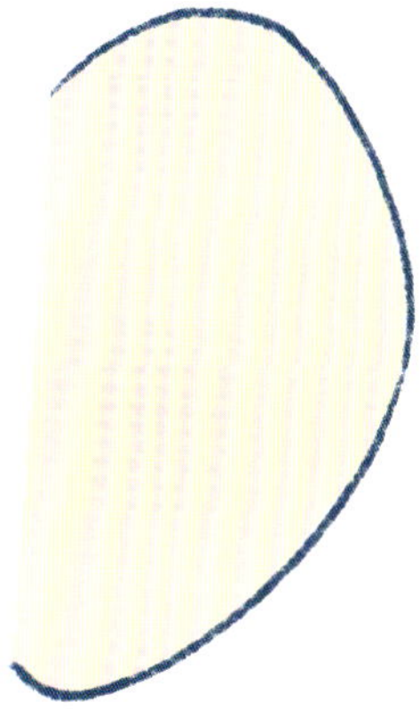

Zeichne für das Ohr in Seitenansicht zunächst eine einfache Form, die wie ein spiegelverkehrtes „C“ aussieht. Achte darauf, dass die Ohren leicht schräg am Kopf sitzen.

Schritt 2: Die Helix

Dann deutest du die Helix an, also den äußeren Bogen am Ohr. Wenn du die Linie nicht ganz durchziehst, wirkt sie natürlicher.

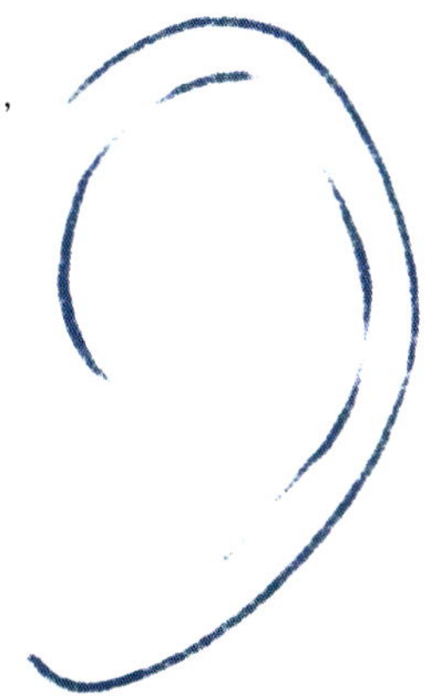

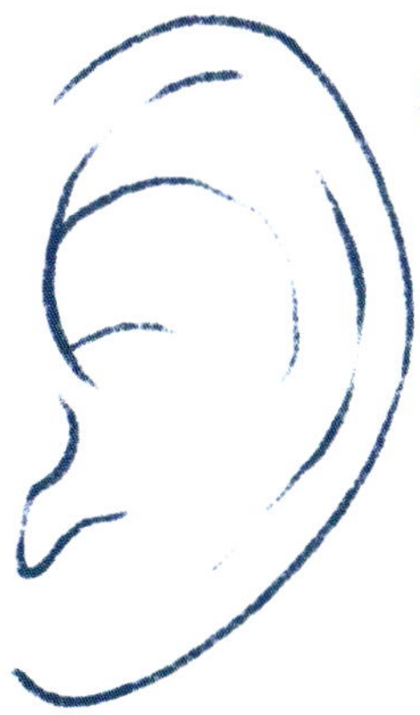

Schritt 3: Ohrmuschel

Zuletzt kannst du noch die Ohrmuschel und weitere Ohrbestandteile einzeichnen. Wenn du noch unsicher bist, wo welche Linie sitzen sollte, nimm dir am besten ein reales Ohr als Vorlage.

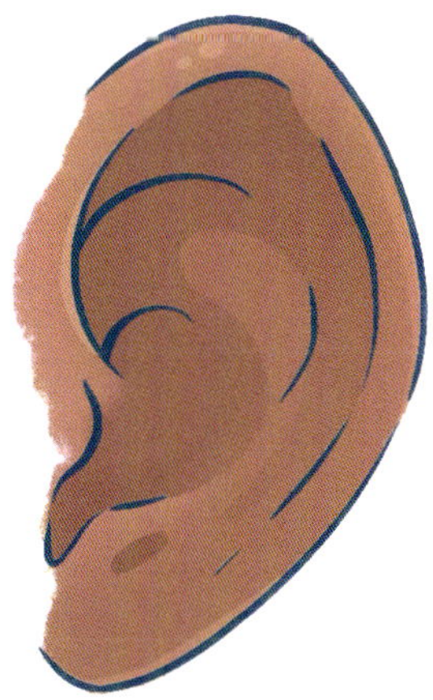

Ohr eines Menschen

VERSCHIEDENE OHRFORMEN

Auch Ohren können unterschiedliche Formen haben: Sie können groß oder klein sein, abstehen oder angewachsene Ohrläppchen haben. Besonders in Fantasy-Welten können sie auch spitz zulaufen und so Merkmale für bestimmte Spezies darstellen. Dafür ziehst du einfach den oberen Teil des Ohrs in die Länge. Achte trotzdem darauf, die grundlegenden Elemente des Ohrs, wie die Helix und die Ohrmuschel, der Form entsprechend einzuzeichnen.

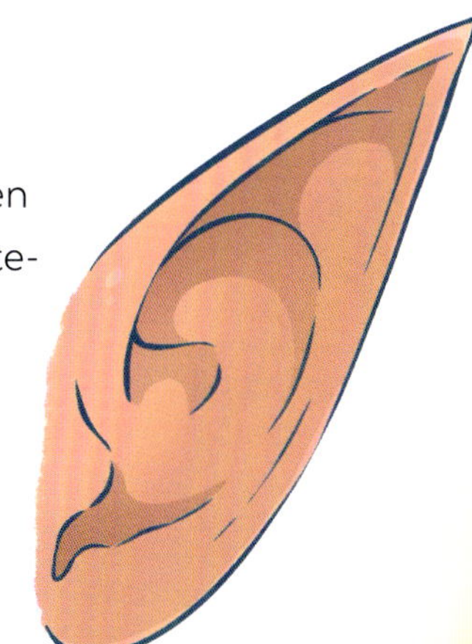

Ohr eines Elfen

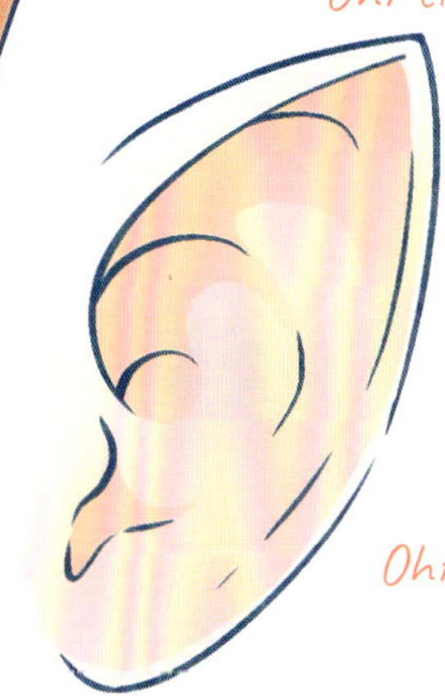

Ohr eines Dämons

GESICHT IM PROFIL

Wahrscheinlich möchtest du deine Figuren nicht immer nur von vorn zeichnen, daher ist es gut, wenn du auch verstehst, wie ein Kopf von verschiedenen Seiten gezeichnet wird. Los geht's mit der Profilansicht!

Schritt 1: Die Grundform

Die Basis für unseren Kopf bildet ein Kreis, in den du ein Kreuz einzeichnest. An die Seite, zu der deine Figur schauen soll, zeichnest du, von der Mitte des Kreises ausgehend, eine Linie nach unten, die du in einem spitzen Winkel mit dem untersten Punkt des Kreises verbindest. Der Hals verläuft leicht schräg von der Mitte des Kopfes nach unten.

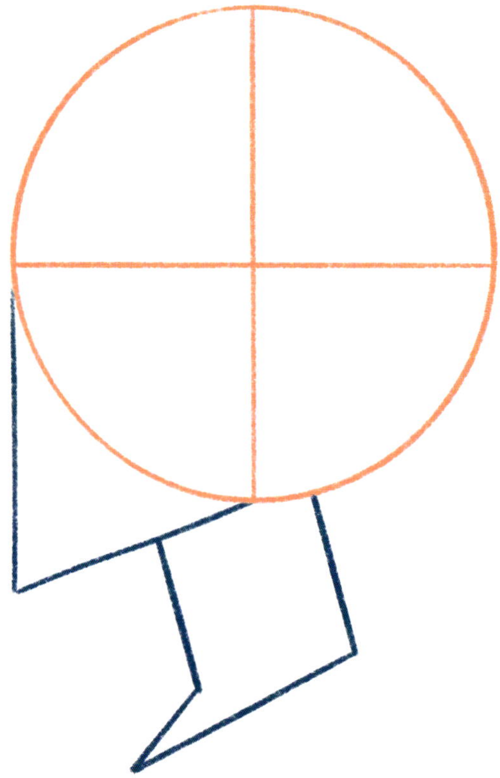

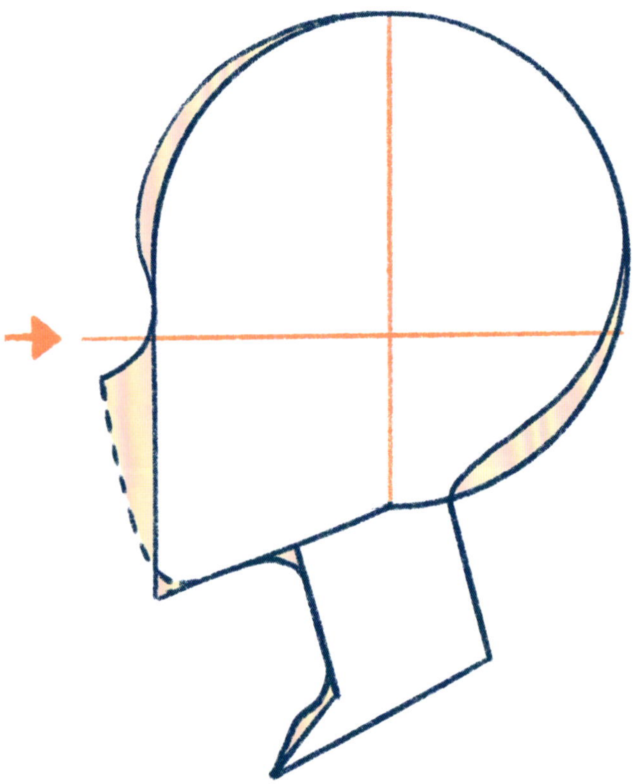

Schritt 2: Die Form ausarbeiten

Suche nun ungefähr die Mitte des Kopfs: Auf dieser Linie befinden sich die Augen. Gib dem Kopf dann etwas mehr Form, indem du Nasen- und Kinnbereich einzeichnest sowie Stirn und Hinterkopf ausarbeitest.

Schritt 3: Augen, Mund und Ohren

Die Augen sehen von der Seite aus wie eine spitze Klammer mit einem schmalen Oval am breiten Ende. Dann kommen noch die Ohren hinzu, die sich an der senkrechten Mittellinie befinden und ungefähr auf Höhe der Augen beginnen. Arbeite noch den Mund weiter aus.

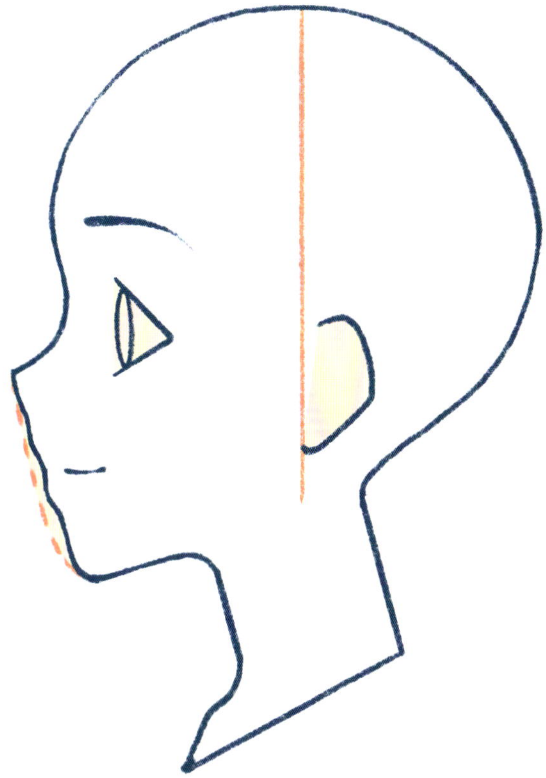

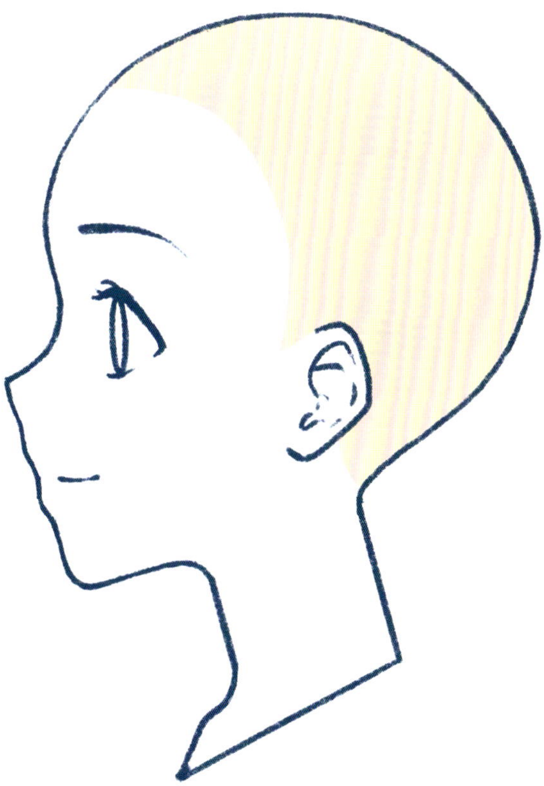

Schritt 4: Haaransatz

Augen und Ohren bekommen noch ein paar Details, bevor es weiter zu den Haaren geht. Überlege dir zunächst, an welcher Stelle sich der Haaransatz befindet, damit du weißt, von wo aus die Haare gezeichnet werden können.

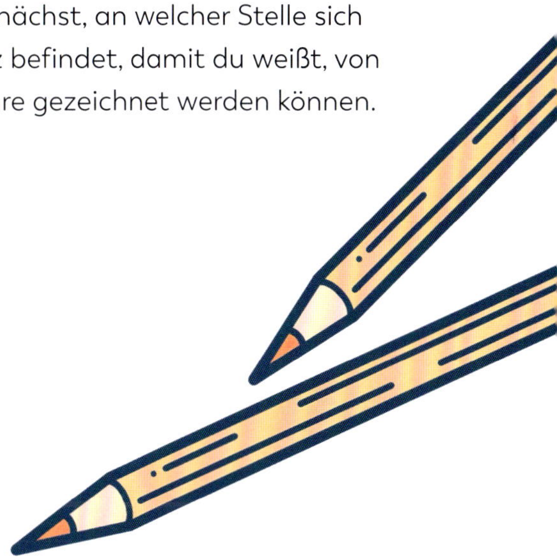

Schritt 5: Grobe Form der Haare

Es ist immer hilfreich, zunächst die grobe Form der Haare einzuzeichnen. Die können ruhig etwas mehr Volumen haben, pass also auf, dass sie nicht zu nah am Kopf anliegen.

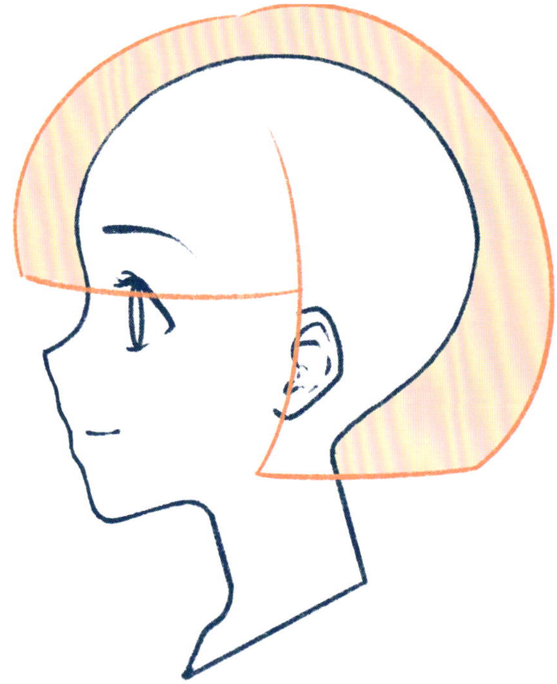

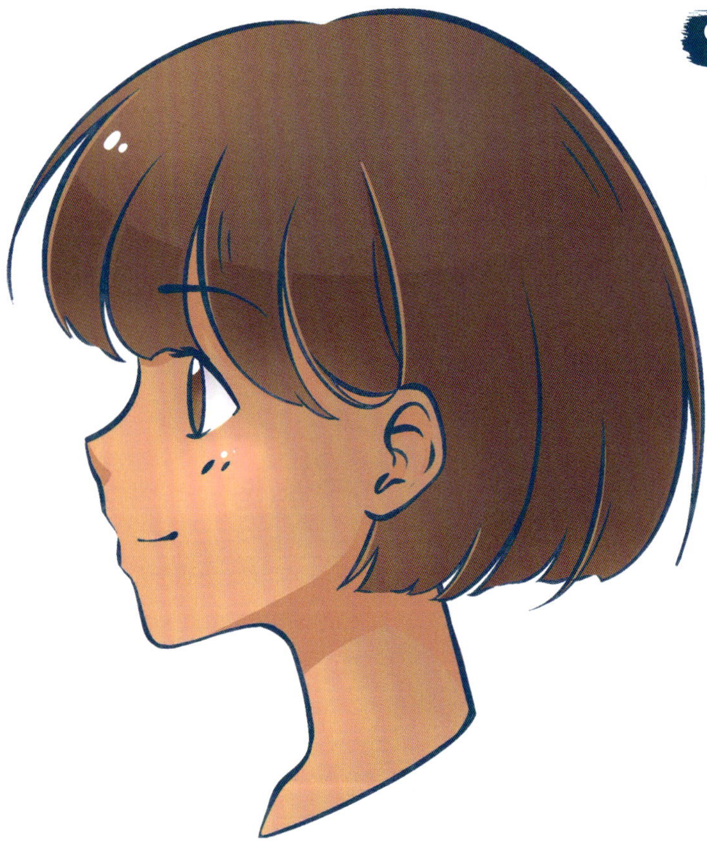

Schritt 6: Haare ausarbeiten

Zeichne jetzt noch einzelne Strähnen ein und füge ein paar Schattierungen hinzu.

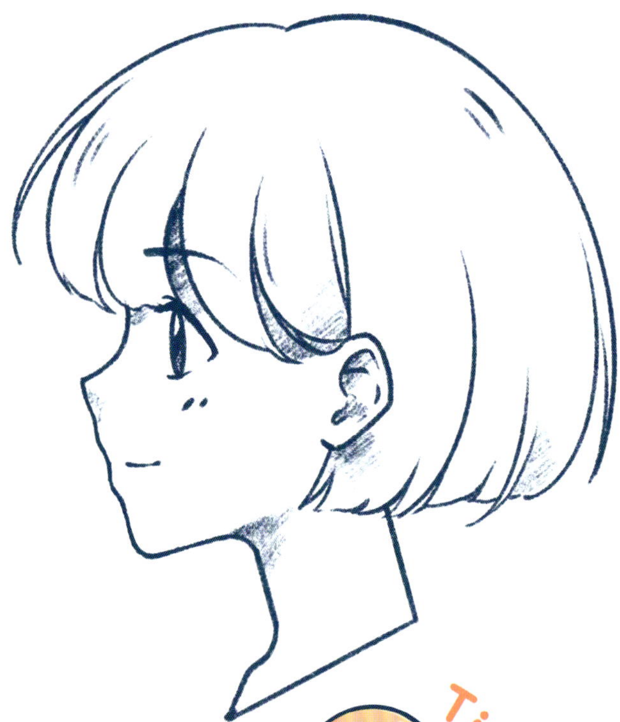

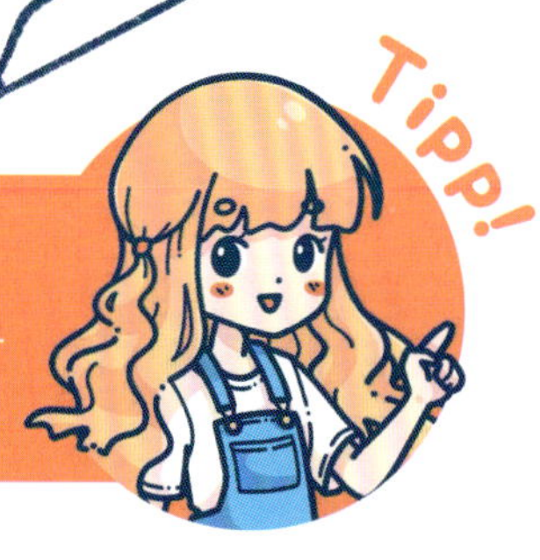

Wenn du rechtshändig bist, ist es für dich wahrscheinlich anfangs leichter, Gesichter zu zeichnen, die nach links schauen. Bist du linkshändig, ist es genau andersherum!

GESICHT IM HALBPROFIL

Das Halbprofil ist vermutlich die schwierigste Ansicht eines Gesichts und braucht daher am meisten Übung, bis es richtig klappt. Schauen wir uns also gemeinsam an, wie man es aufbauen kann.

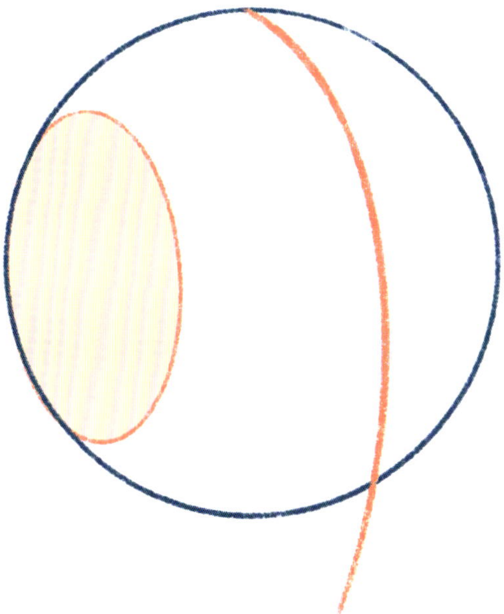

Schritt 1: Die Grundform

Wir beginnen auch dieses Mal mit einem Kreis. Die Hilfslinie in der Mitte ist jetzt jedoch gebogen, da sie der Rundung des Kopfes folgt. Da ein Kopf an den Seiten eher etwas abgeflacht ist, hilft es, wenn du dir vorstellst, dass du die Seiten der Kugel abschneidest.

Schritt 2: Kopfform einzeichnen

Die Kopfform verläuft vom Kreis aus leicht nach innen, bei der Wange entsteht eine leichte Wölbung. Das Kinn befindet sich am unteren Ende deiner vertikalen Hilfslinie. Suche dann die Mitte deines Kopfes und zeichne eine horizontale Hilfslinie ein, um zu bestimmen, auf welcher Höhe die Augen sitzen.

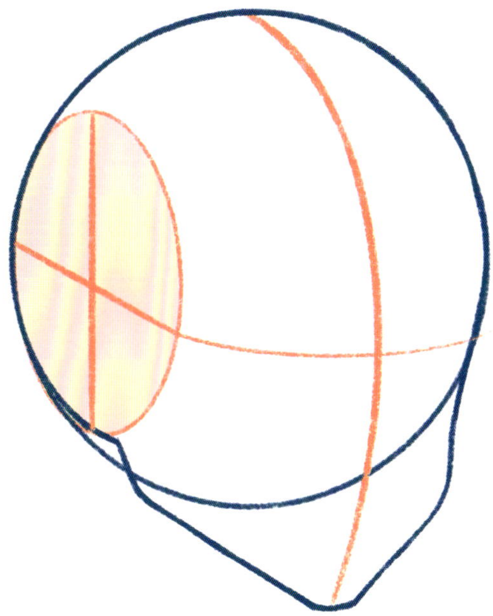

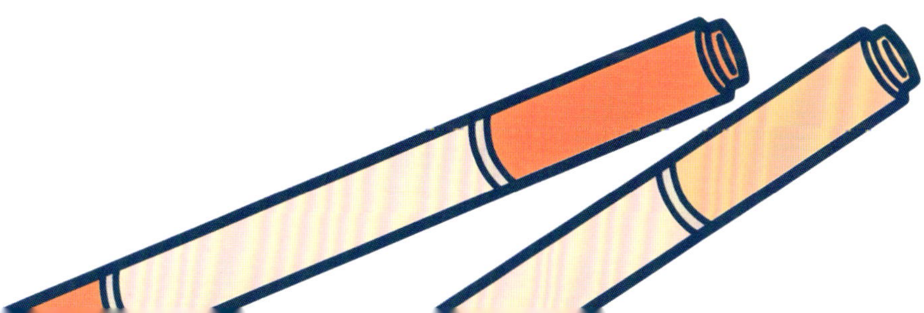

Schritt 3: Position von Augen, Nase, Mund

Jetzt kannst du die groben Formen von Augen, Nase, Mund und dem Ohr einzeichnen. Achte bei den Augen darauf, dass du das Auge, welches sich weiter weg von dir befindet, etwas schmaler zeichnest als das dir mehr zugewandte.

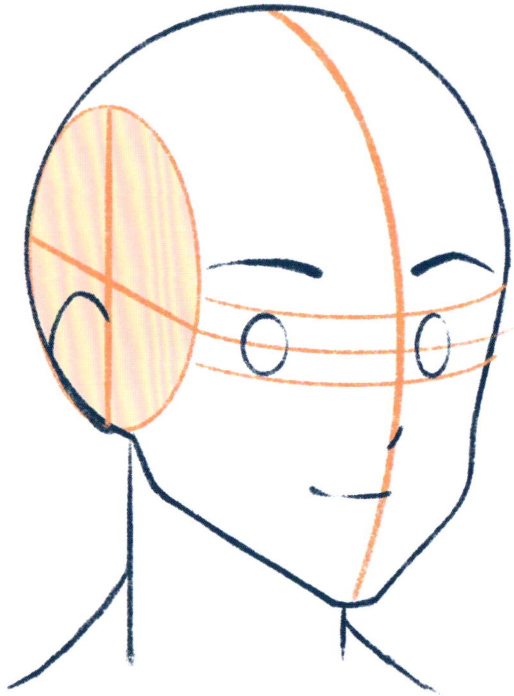

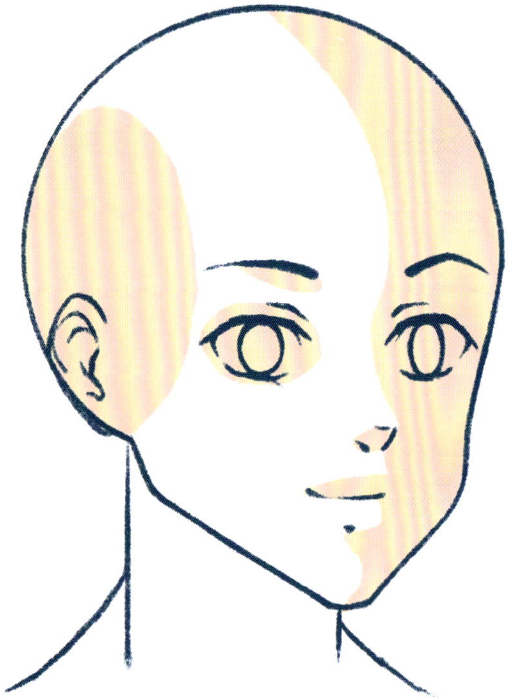

Schritt 4: Gesicht ausarbeiten

Während du die einzelnen Bestandteile des Gesichts zeichnest, hilft es, wenn du dir überlegst, wie das Gesichts dreidimensional aussehen würde. Das funktioniert, indem du dir überlegst, wie Schatten in dem Gesicht aussehen müssten.

Schritt 5: Grobe Form der Haare

Auch hier zeichnest du nun wieder den Haaransatz und die grobe Form der Haare ein. Setze außerdem einen Punkt an die Stelle, von der aus die Haare nach unten fallen.

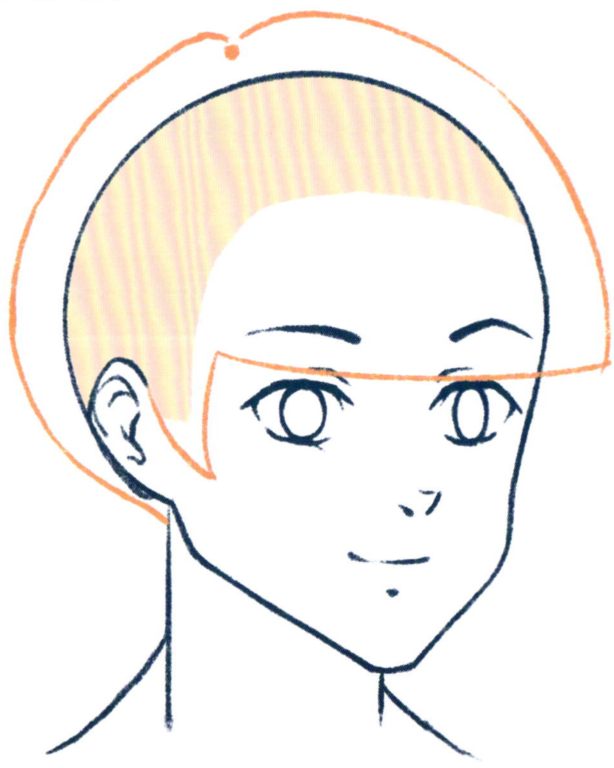

Schritt 6: Haare ausarbeiten

Zum Schluss werden nur noch die Haare ausgearbeitet und Schatten eingezeichnet.

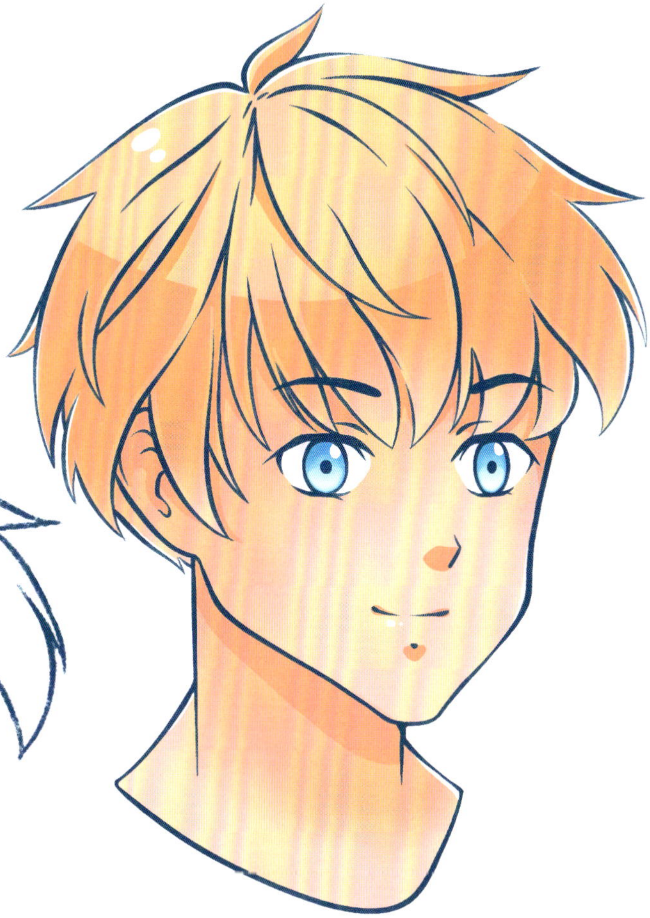

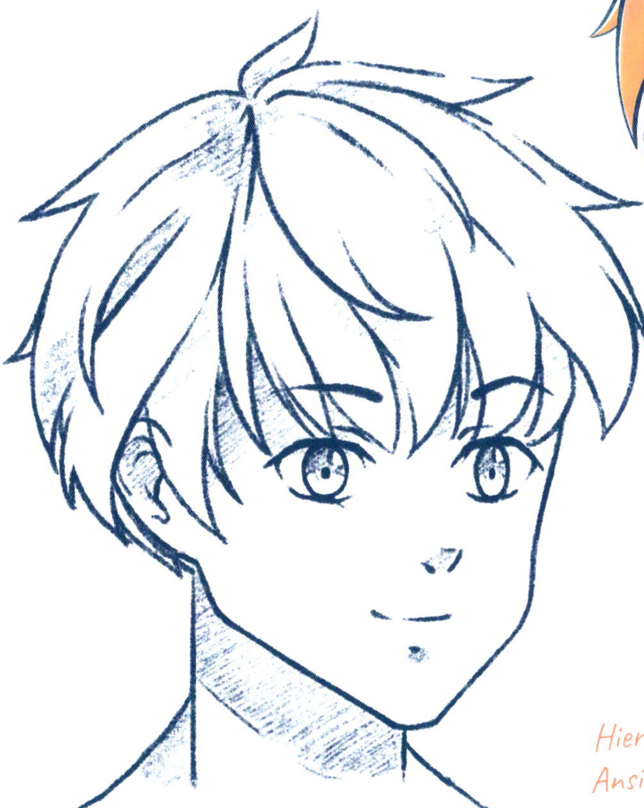

Hier hast du jetzt die drei Basis-Ansichten eines Gesichts kennengelernt. Übe am besten zunächst einmal diese, bevor du dich an schwierigeren Perspektiven wie von schräg oben oder unten versuchst!

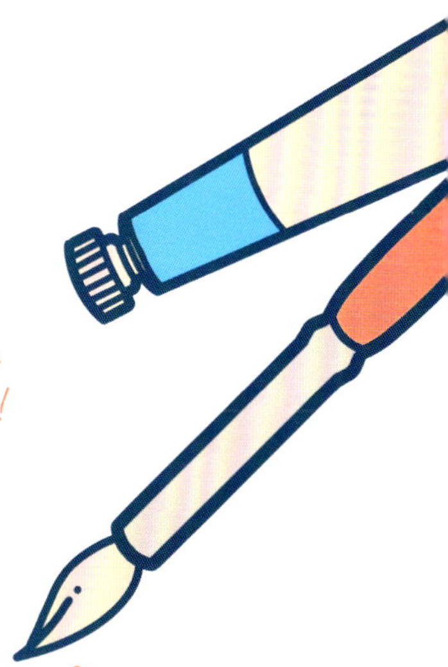

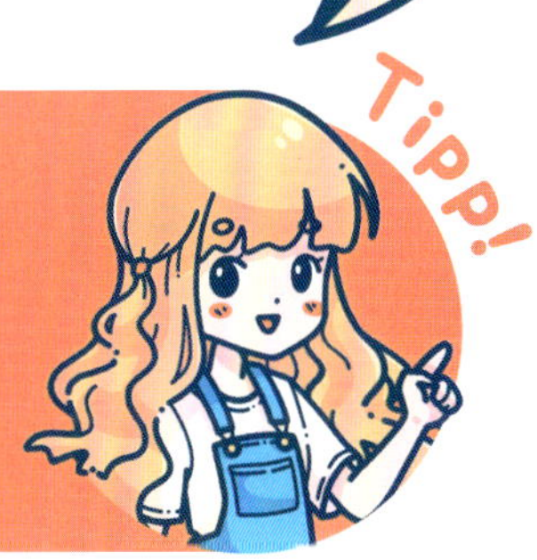

Hilfslinien sind zwar eine gute Unterstützung, um die richtige Position für Augen, Nase und Mund zu finden, aber halte nicht zu stark an ihnen fest. Wenn du merkst, dass dein Grundgerüst nicht funktioniert – auch, wenn es theoretisch richtig ist – kannst du ruhig etwas davon abweichen!

GESCHLECHTER DARSTELLEN

Möchtest du deine Figuren optisch auf dem Spektrum zwischen feminin und maskulin verorten, gibt es ein paar Dinge, auf die du achten solltest, damit deine Figuren den gewünschten Eindruck hinterlassen.

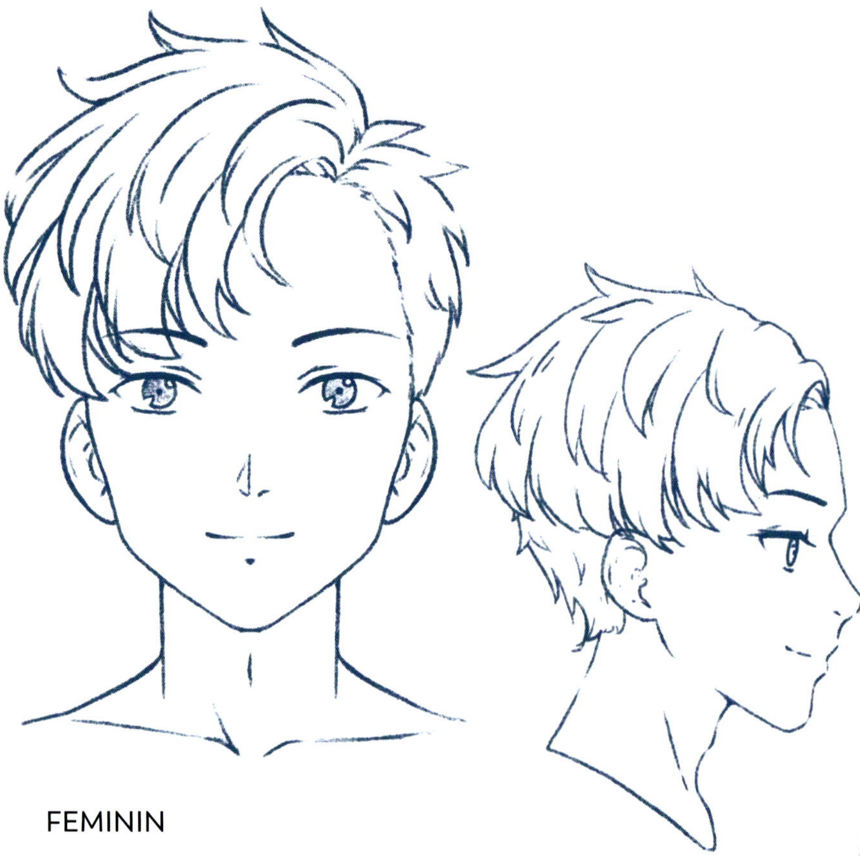

MASKULIN

- größeres Gesicht
- kantigere Gesichtsform
- kräftigere Augenbrauen
- kleinere Augen
- kürzere Wimpern
- größere Nase
- größerer Mund
- breitere Schultern
- breiterer Hals, Adamsapfel

FEMININ

- kleineres Gesicht
- weichere Gesichtsform
- dünnere Augenbrauen
- größere Augen
- längere Wimpern
- kleinere Nase
- kleinerer Mund
- schmalere Schultern
- dünnerer Hals

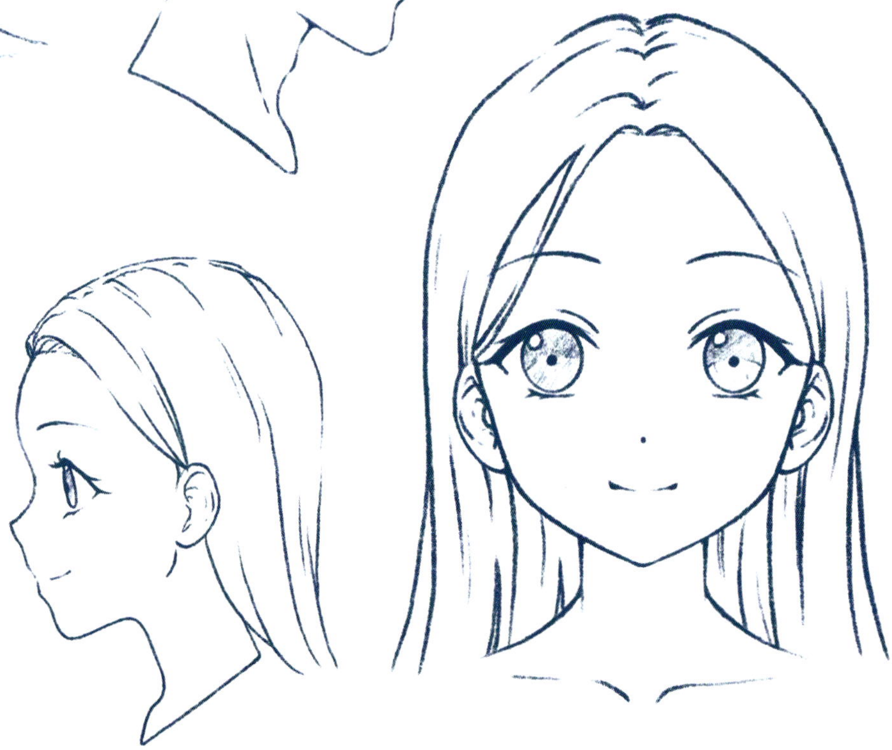

Bei diesen Merkmalen handelt es sich um Eigenschaften, die speziell den einzelnen Geschlechtern zugesprochen werden. Aber natürlich sind das nur stereotypische Erscheinungsformen, an die du dich nicht halten musst. Kombiniere deshalb ruhig die einzelnen Merkmale, um interessantere Charaktere zu erschaffen, gerade auch in Kombination mit weiteren Elementen wie Haaren oder Kleidung.

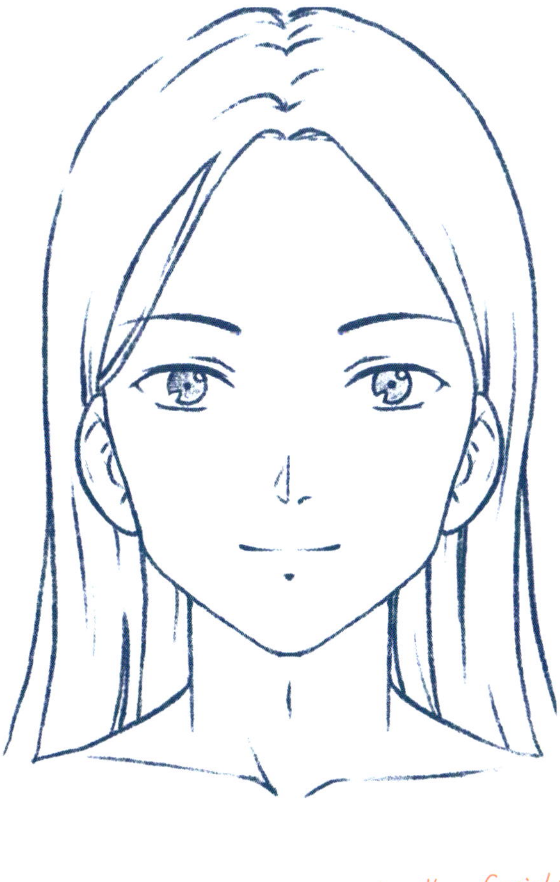

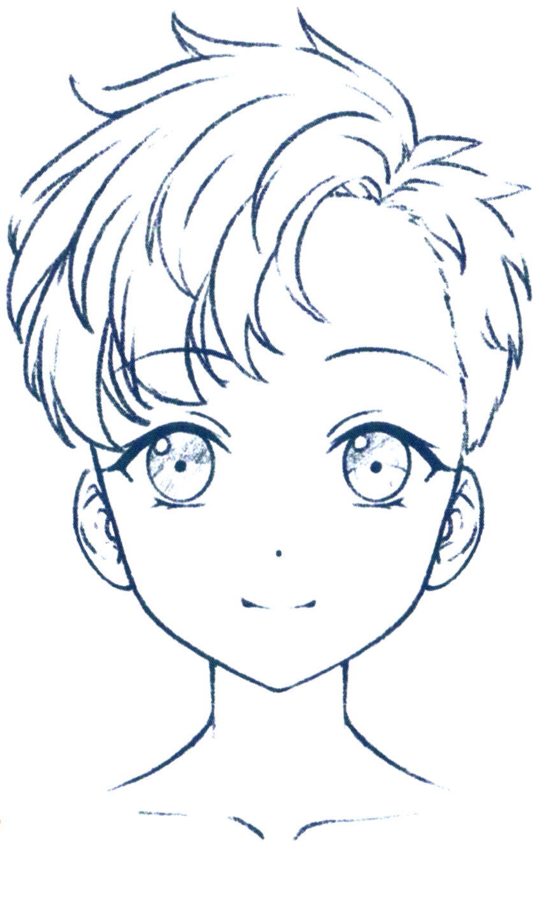

Auch wenn man dieselben Gesichter mit vertauschten Frisuren zeichnet, bleibt die Wirkung erhalten.

HAARE UND FRISUREN

Im Manga-Stil werden Haare nicht einzeln gezeichnet, sondern zu Strähnen zusammengefasst. Wie genau diese Strähnen dargestellt werden, hängt stark von der Haarstruktur ab, also ob die Haare glatt, wellig, lockig oder dicht gelockt sind. Dazwischen gibt es natürlich alle möglichen Abstufungen. Schauen wir uns gemeinsam an, wie du einzelne Strähnen zeichnen kannst.

GLATTES HAAR

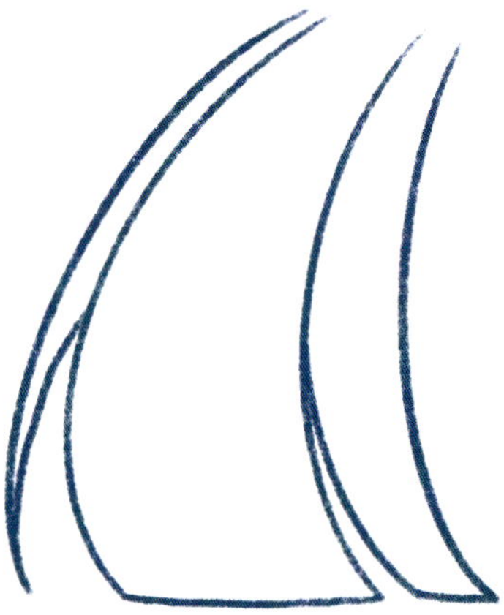

Schritt 1: Grobe Form

Zunächst wird die grobe Form der Strähne gezeichnet. Auch glatte Haare können einen leichten Schwung haben, daher ist die Form leicht rundlich.

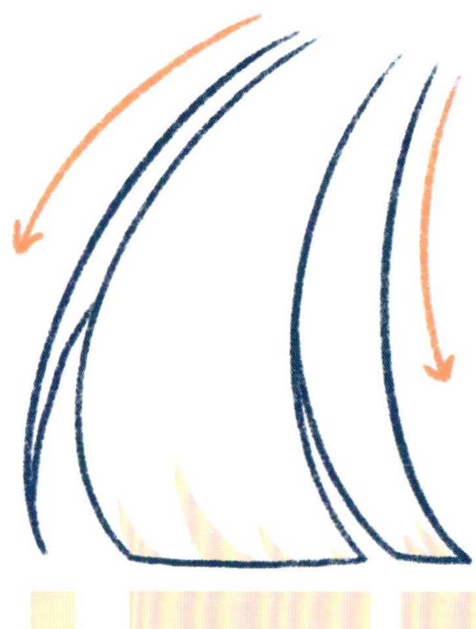

Schritt 2: Unterteilungen

Teile diesen Block nun in einzelne Strähnen auf, die nach unten hin spitz zulaufen. Dabei solltest du darauf achten, nebeneinanderliegende Strähnen nie gleich breit auszuführen – durch etwas Abwechslung wirken die Haare natürlicher.

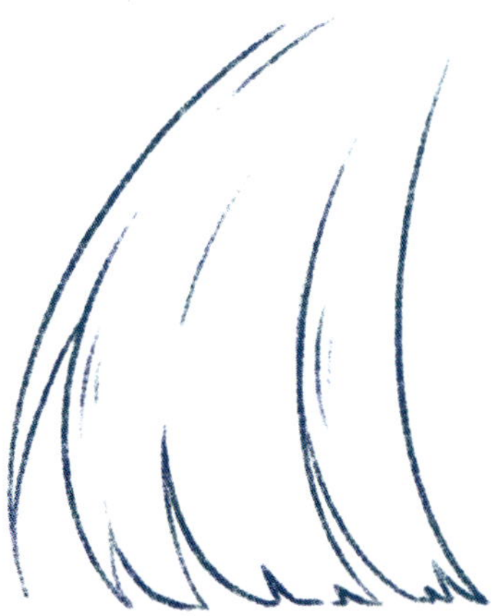

Schritt 3: Details

Stelle dir beim Einzeichnen der einzelnen Strähnen am besten vor, du würdest in die Grundform unten kleine Dreiecke hineinschneiden. Die einzelnen Strähnen sollten dabei aber immer dem Schwung der gesamten Strähne folgen.

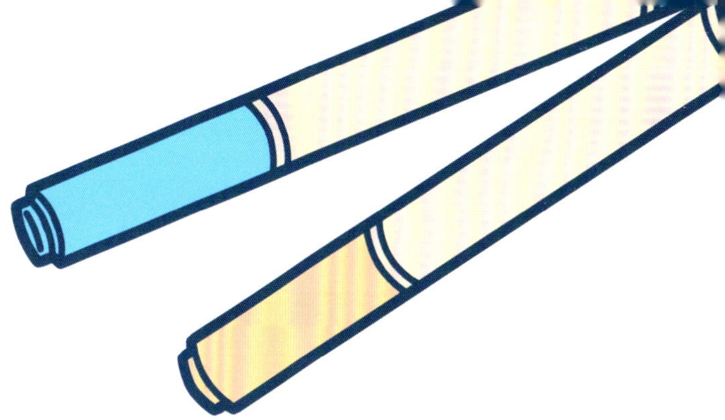

WELLIGES HAAR

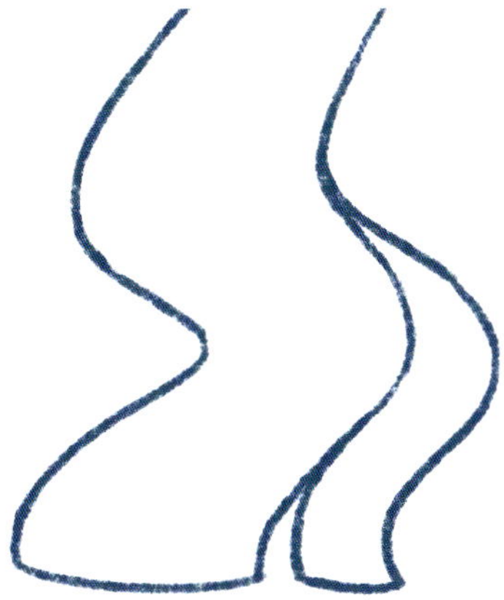

Schritt 1: Grobe Form

Bei welligen Haaren starten wir mit zwei einzelnen Blöcken in S-Form.

Schritt 2: Unterteilungen

Teile auch hier die Strähne wieder in unterschiedlich große Bereiche auf. Einzelne, abstehende Strähnen oder kleine Lücken in den Haaren bringen mehr Dynamik in die Frisur.

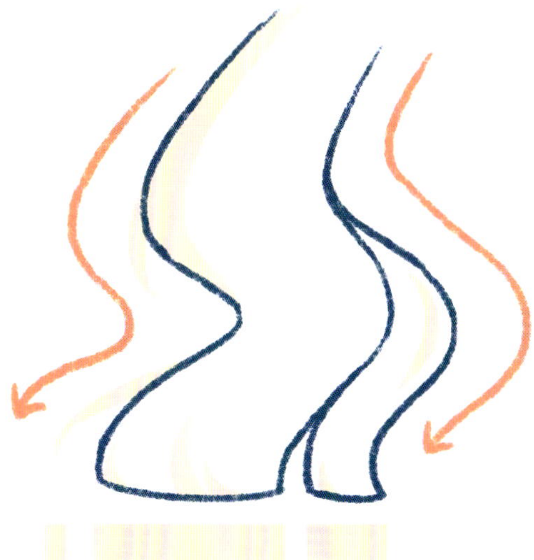

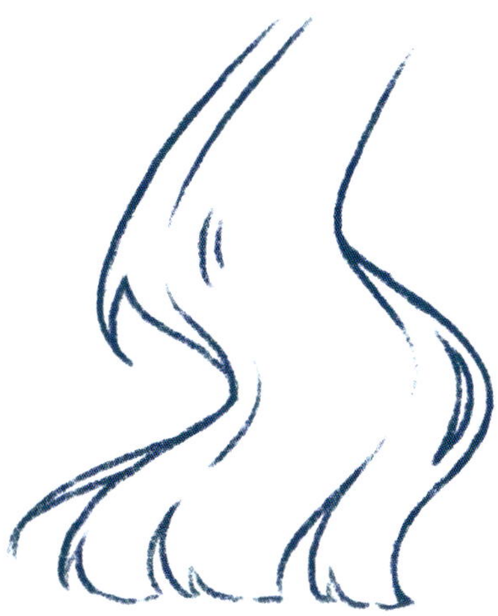

Schritt 3: Details

Achte beim Einzeichnen einzelner Strähnen auch darauf, dass die Strähnen sich überlappen können. Hier verläuft zum Beispiel die Strähne ganz links zum Teil hinter der mittleren.

LOCKIGES HAAR

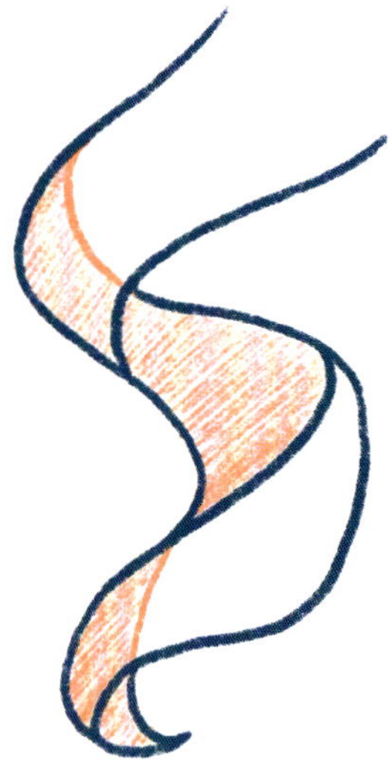

Schritt 1: Grobe Form

Bei lockigen Haaren kommst du nicht drum herum, dreidimensional zu denken: Stell dir zunächst ein Band vor, das sich um sich selbst dreht.

Schritt 2: Unterteilungen

In dieses Band fügst du dann Lücken ein und lässt einzelne Strähnen etwas abstehen. Denke auch hier immer an die Gesamtform der Strähne.

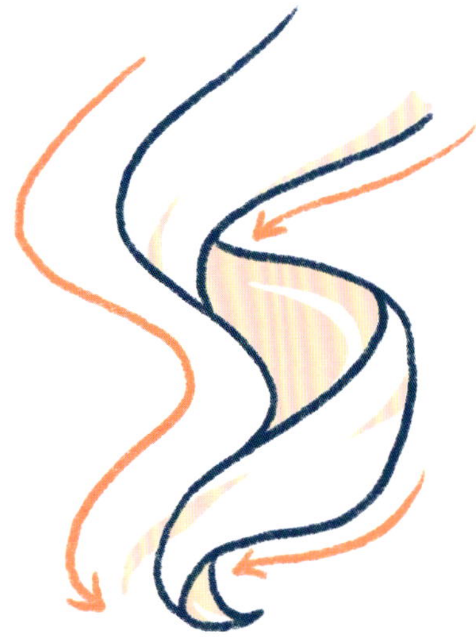

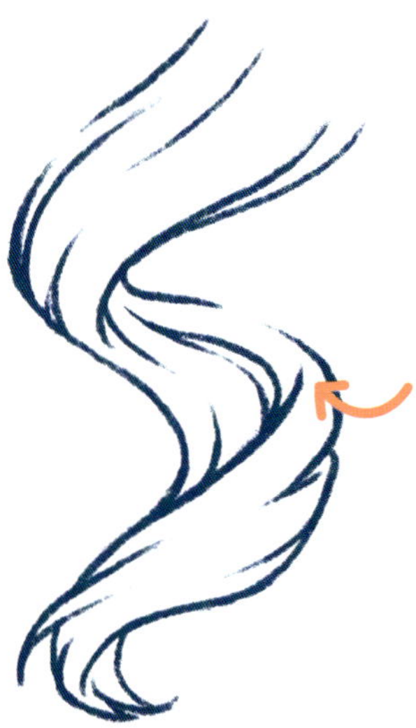

Schritt 3: Details

Lasse an den Stellen, wo sich die Strähne eindreht, etwas Platz zwischen deinen Linien, um das Volumen der Haare anzudeuten.

DICHT GELOCKTES UND AFRO-HAAR

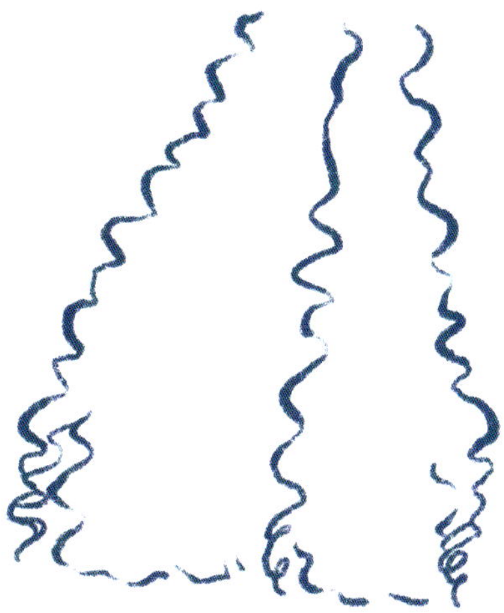

Schritt 1: Grobe Form

Für stark gelockte Haare kannst du mit einer leicht unordentlichen, welligen Form starten.

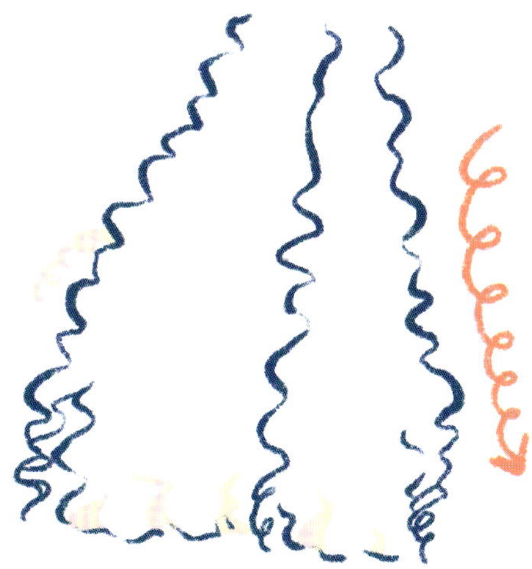

Schritt 2: Unterteilungen

Auch bei diesem Haartyp kannst du die Strähne noch weiter aufteilen und kleinere, abstehende Strähnen hinzufügen.

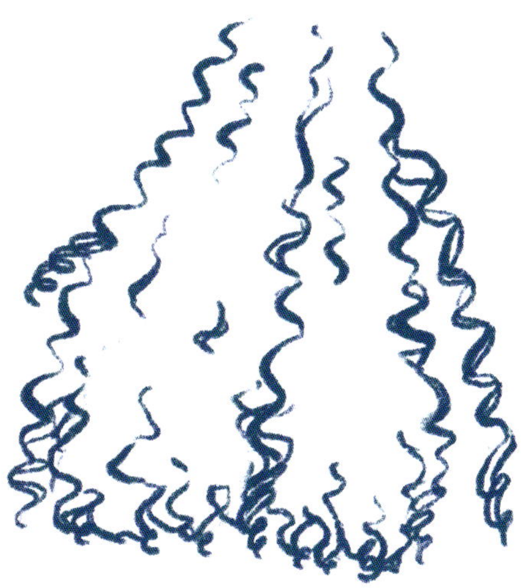

Schritt 3: Details

Stelle dir sehr lockige Haare wie kleine Spiralen vor. Vor allem an den Enden sieht es schön aus, wenn du diese Spiralenform andeutest.

WIRBEL UND SCHEITEL

Nun weißt du, wie du verschiedene Haartypen zeichnest – aber wie und wo „befestigst“ du die Haare am Kopf?

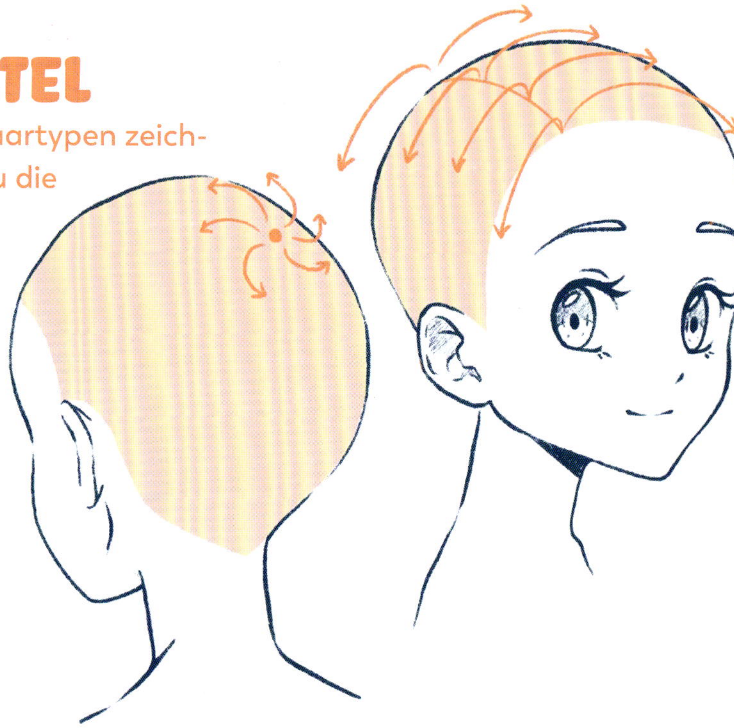

Überlege dir zuerst, wo sich der Haaransatz befindet, also der Bereich am Kopf, wo der Haarwuchs beginnt. Im zweiten Schritt entscheidest du, ob die Frisur einen Scheitel oder einen Wirbel hat. Davon hängt es nämlich ab, auf welchen Punkt am Ende alle Haare zulaufen.

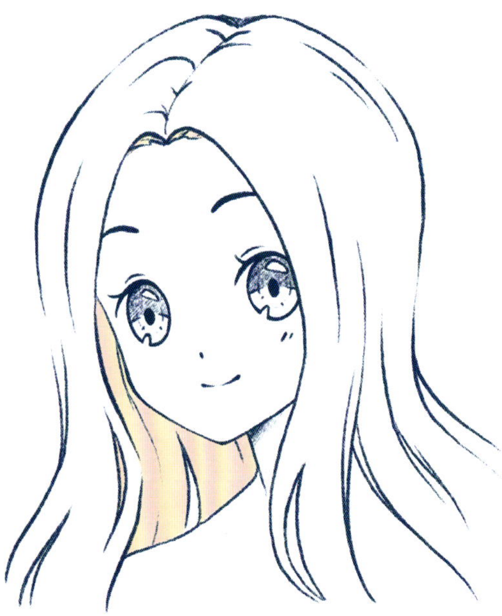

OBER- UND UNTERSEITE DER HAARE

Wenn du etwas längere Haare zeichnest, solltest du auch hier dreidimensional denken.

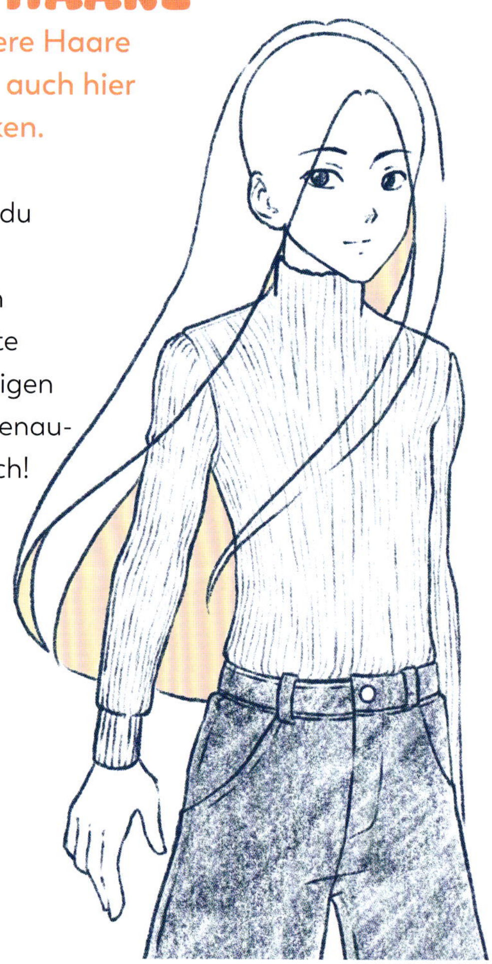

Stell dir am besten vor, du legst ein Tuch über den Kopf: An einigen Stellen wird man die Vorderseite des Tuchs sehen, an einigen Stellen die Rückseite. Genauso ist es bei Haaren auch!

Schritt 1: Grobe Form

Beginne am besten immer damit, die grobe Form deiner Frisur über den Kopf zu skizzieren. Das hilft dabei, ein schönes Gesamtbild zu bekommen und verhindert auch, dass dein Kopf versehentlich zu groß oder zu klein wird.

Schritt 2:

Haare in Partien aufteilen

Als nächstes teilst du die Haare in gröbere Partien auf. Gehe dabei genauso vor wie bei den einzelnen Strähnen vorhin – mit dem Unterschied, dass die Haare jetzt der Kopfform folgen und alle auf einen Scheitel oder Wirbel zu laufen.

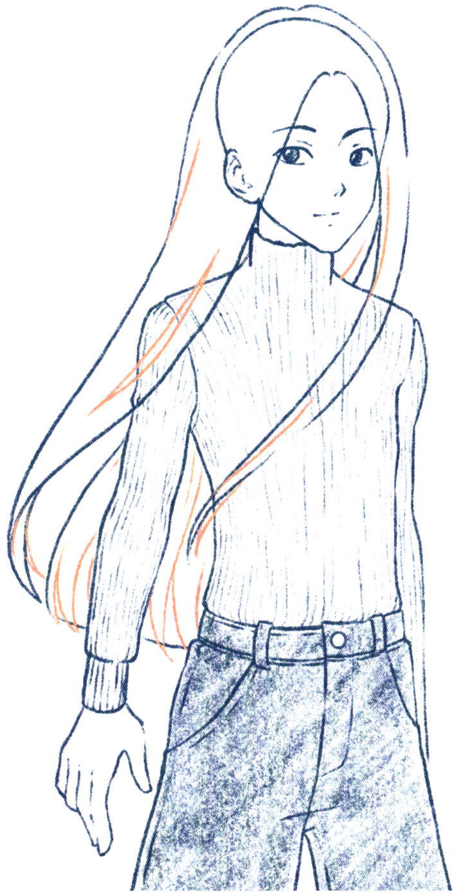

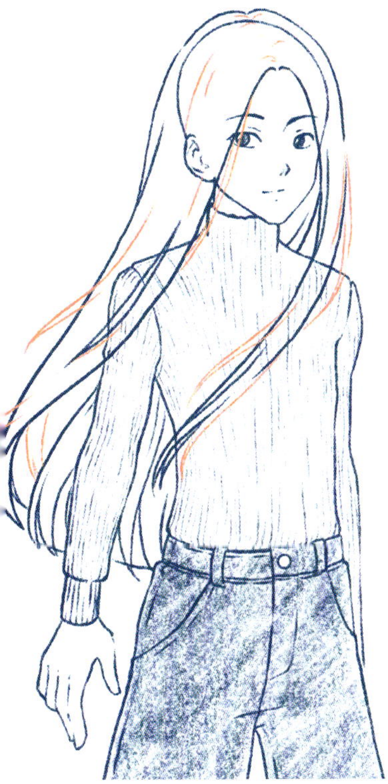

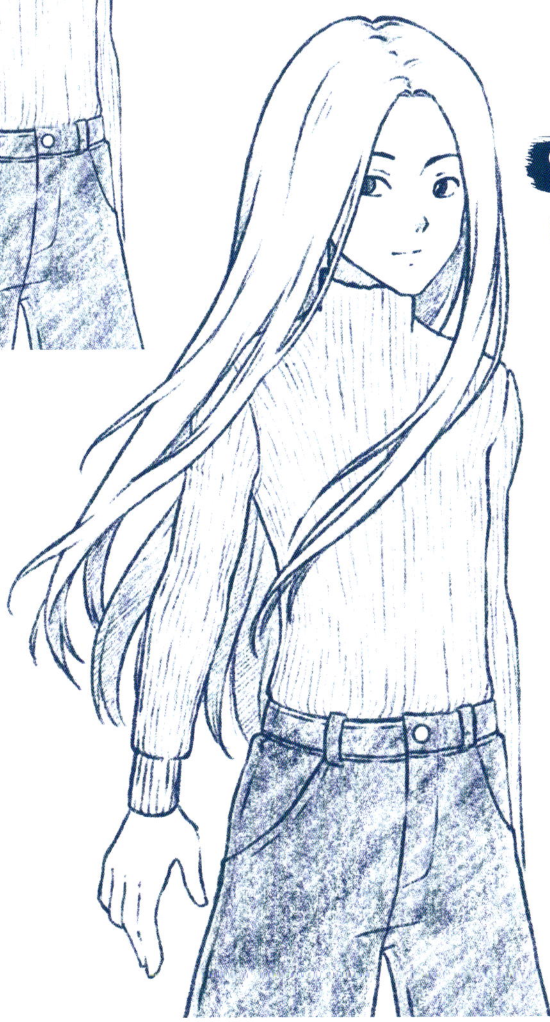

Schritt 3:

Einzelne Strähnen einzeichnen

Auch hier kannst du die Haare nun von unten „einschneiden" und in noch kleinere Abschnitte einteilen. Für mehr Dynamik hilft es außerdem, wenn du einzelne, dünne Strähnen einzeichnest, die nicht ganz dem Verlauf der anderen folgen oder über den anderen liegen. Ziehe dabei die Linien für die Haare am besten nicht immer vom Scheitel bis zur Haarspitze komplett durch, sondern lasse ein paar Lücken stehen – das wirkt leichter und dynamischer.

FRISUREN

Die Frisur einer Figur ist eines ihrer wichtigsten Erkennungsmerkmale und kann viel über ihren Charakter aussagen. Damit du verschiedene Haarstyles umsetzen kannst, kommen hier ein paar Tipps für dich.

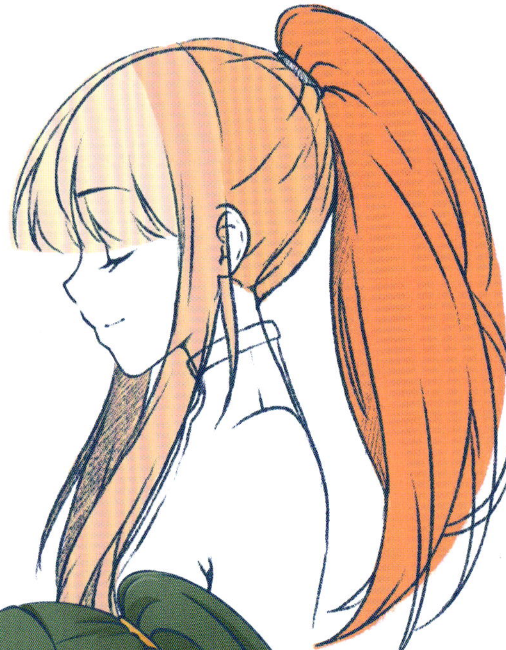

PFERDESCHWANZ

Sind die Haare zusammengebunden, laufen die Linien der meisten Strähnen zunächst auf den Punkt zu, wo sie festgehalten werden – hier auf das Zopfband am Hinterkopf. Von dort aus folgen die Haare dann wieder der Schwerkraft und fallen nach unten. Für solche komplexeren Frisuren hilft es, die Haare in einzelne Bereiche aufzuteilen: Hier sind es der Pony, die beiden langen Strähnen, die das Gesicht einrahmen, die Haare, die am Hinterkopf verlaufen und der Pferdeschwanz.

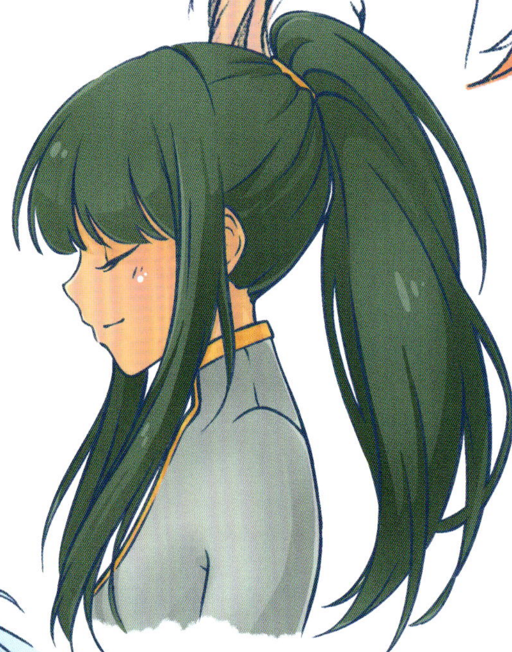

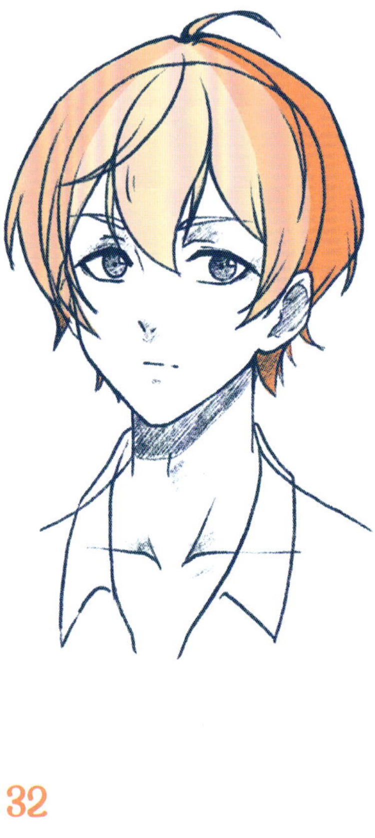

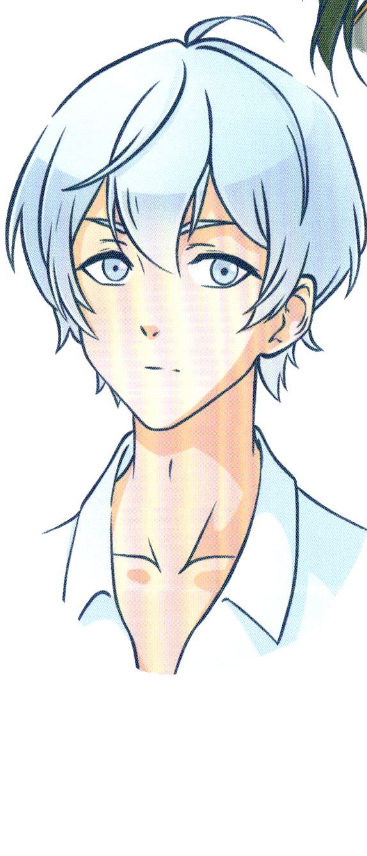

KÜRZERE HAARE

Auch für kürzere Haare ist eine Aufteilung sinnvoll. Hier sieht sie folgendermaßen aus: zunächst der Pony, der grob aus drei Strähnen besteht, dann zwei Strähnen an den Seiten, die etwas den Pony verdecken, und schließlich die Haare am Hinterkopf.

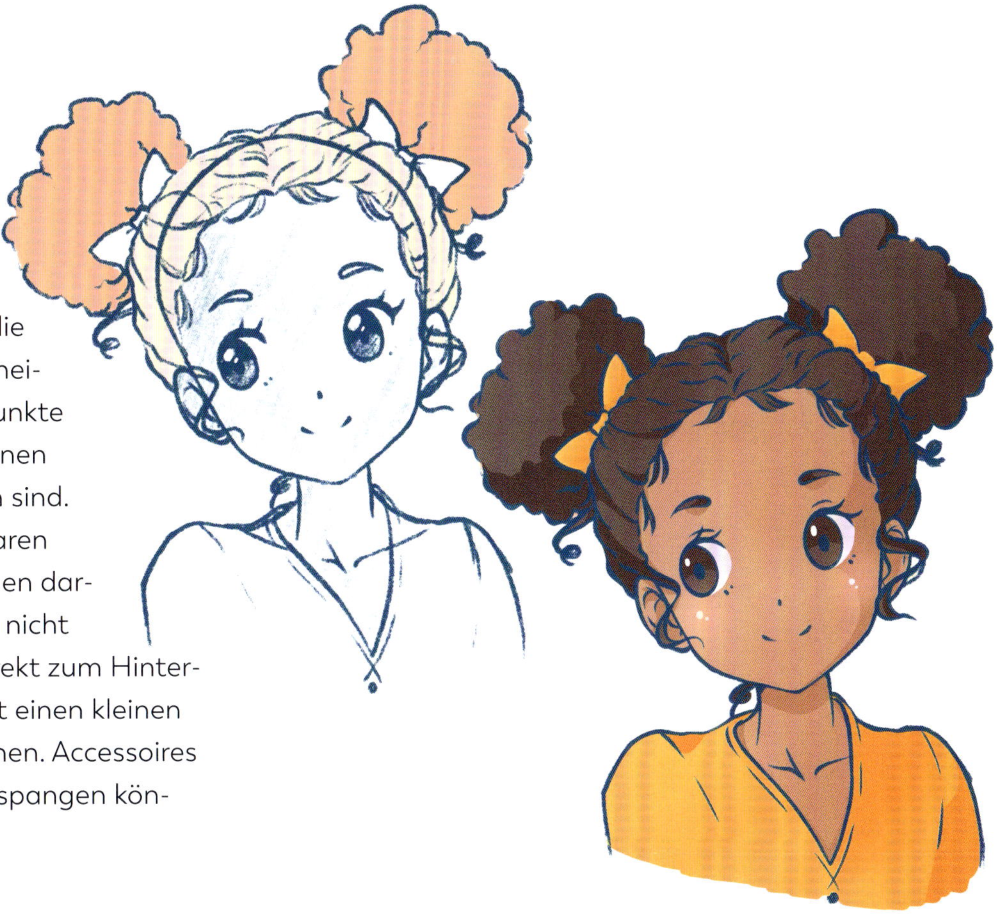

SPACE BUNS

Bei dieser Frisur laufen die Haare ebenfalls vom Scheitel aus auf die beiden Punkte am Hinterkopf zu, an denen sie zusammengebunden sind. Gerade bei dickeren Haaren lässt sich hier gut Volumen darstellen, indem die Linien nicht vom Haaransatz aus direkt zum Hinterkopf laufen, sondern erst einen kleinen Bogen nach unten machen. Accessoires wie Schleifen oder Haarspangen können auch viel bewirken!

KURZE, GEGELTE HAARE

Eine Frisur kann auch aus unterschiedlich langen Haaren bestehen. Diese hier ist an den Seiten sehr kurz geschnitten, daher liegen die Haare nah am Kopf, während sie oben deutlich länger und mit Gel nach hinten gestylt sind. Dort folgen sie der Kopfform und haben deutlich mehr Volumen als an den Seiten.

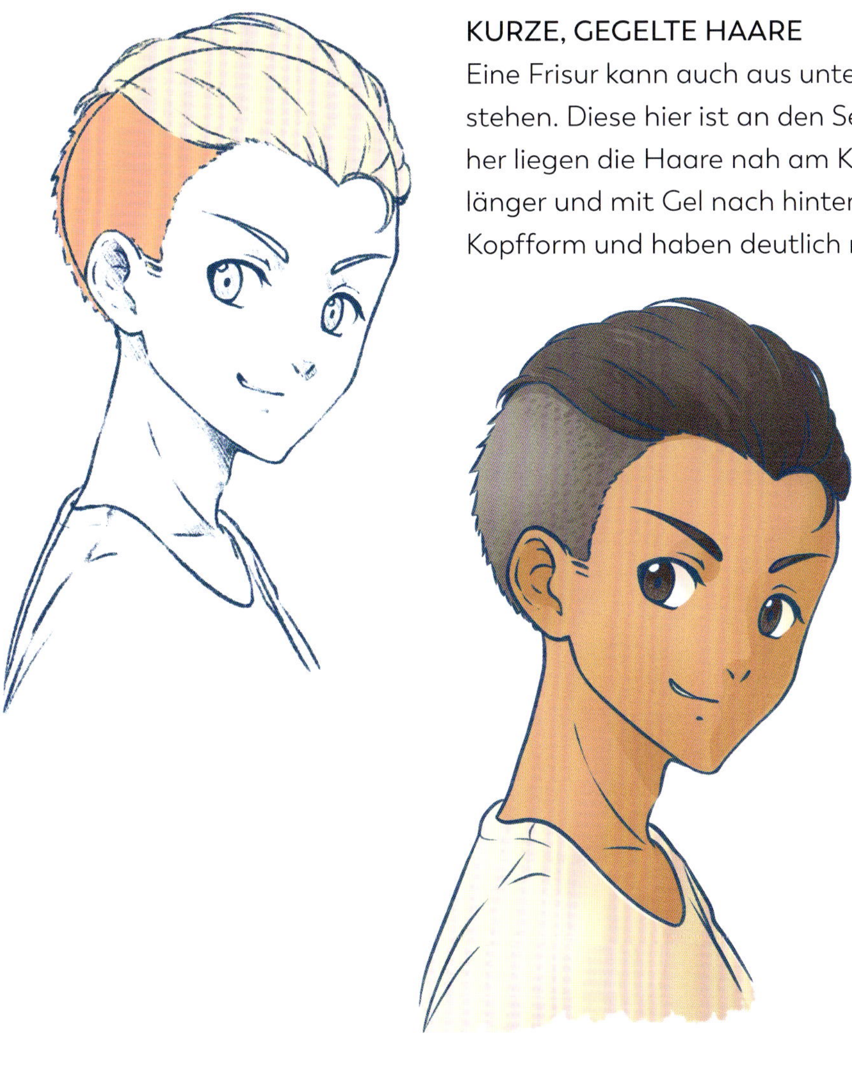

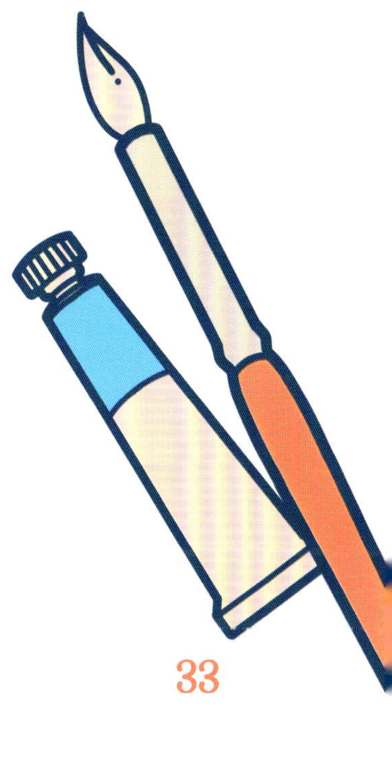

KÖRPER ZEICHNEN

Beim Zeichnen von ganzen Körpern ist es wichtig, dass du die Proportionen kennst. Das sind die Größenverhältnisse der einzelnen Körperteile zueinander, und dieses Wissen bietet eine gute Basis zum Zeichnen von Figuren. In der „realen“ Welt kannst du dich an folgenden Größenverhältnissen orientieren:

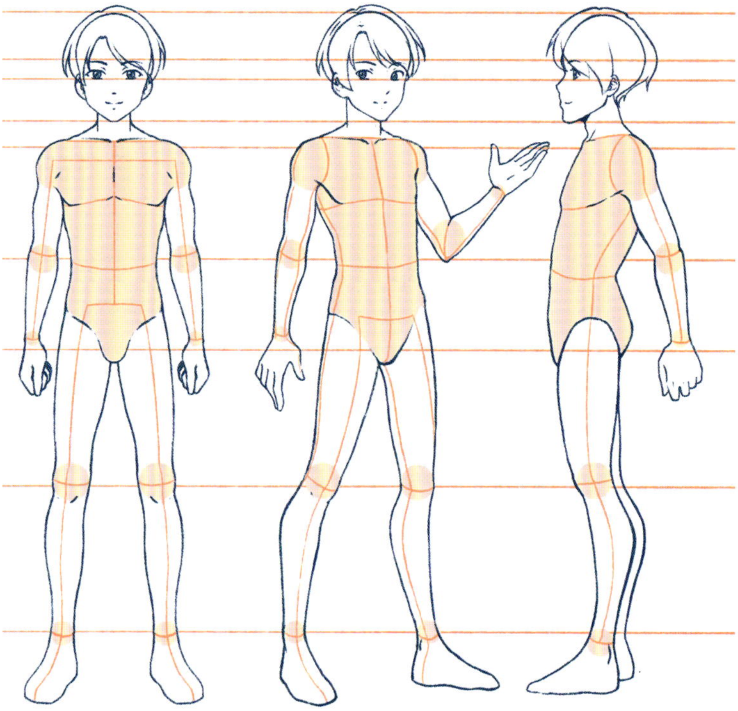

- In die normale Figur eines Jugendlichen passt sein Kopf, übereinandergestapelt, etwa sechs- bis siebenmal hinein, beim Erwachsenen sind es sieben bis acht Köpfe
- Der Schritt befindet sich in der Mitte des Körpers

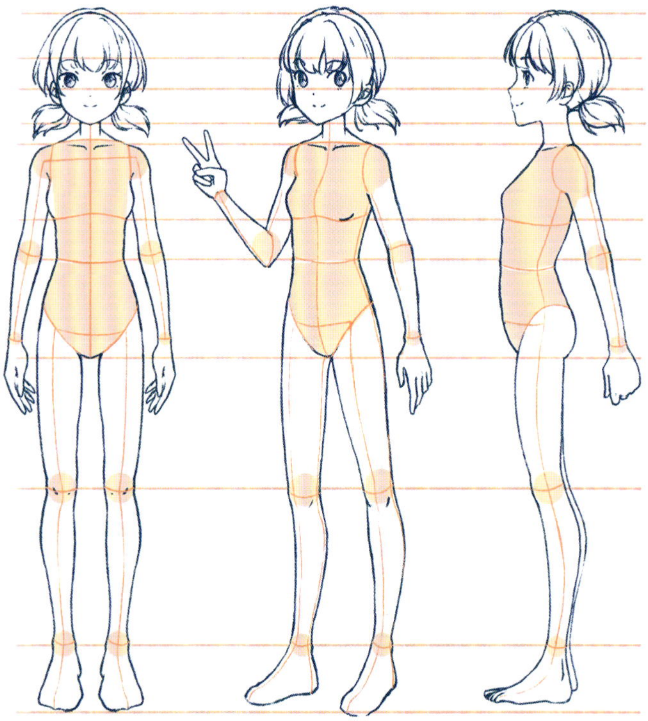

- Die Handgelenke befinden sich auf Höhe des Schritts
- Die Ellenbogen sind auf einer Linie mit der Taille
- Eine Hand ist ungefähr so lang wie der Bereich vom Kinn zum Haaransatz
- Der Fuß ist so lang wie der Unterarm
- Die Schultern sind etwa zwei Köpfe breit
- Ober- und Unterschenkel sind gleich lang

Im Manga-Stil wird gerne von den standardisierten menschlichen Proportionen abgewichen: Beispielsweise ist der Kopf im Vergleich zum Körper oft etwas größer, weil das die Figuren jünger und niedlicher aussehen lässt. Trotzdem ist es gut, die Regeln erst zu kennen, bevor du sie brichst ;)

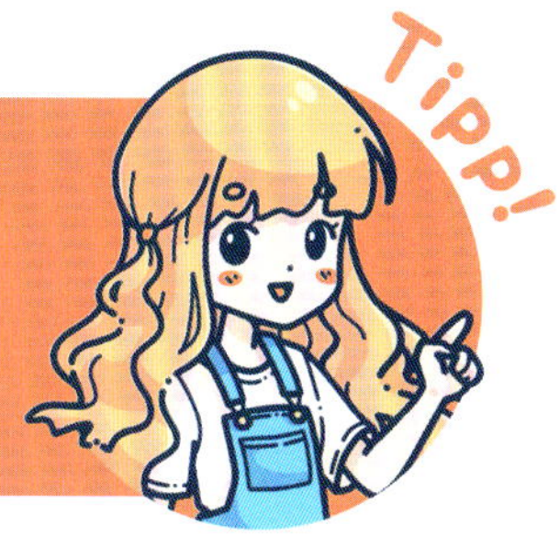

EINEN KÖRPER KONSTRUIEREN

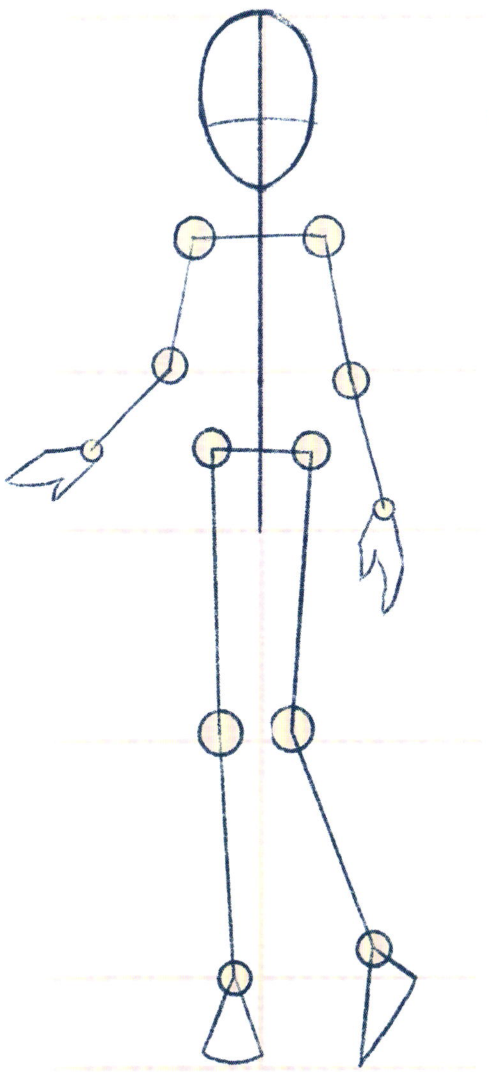

Schritt 1: Die Basis

Es gibt nicht nur eine Methode, um Körper zu zeichnen, aber generell ist es gut, wenn du mit einer groben Vorzeichnung des gesamten Körpers startest. Dafür kannst du zunächst eine Strichfigur zeichnen, bei der du schon einmal festlegst, wie groß die Figur ist und welche Pose sie ungefähr einnehmen soll. Achte hier bereits auf das Thema Proportionen, mit dem du dich gerade beschäftigt hast.

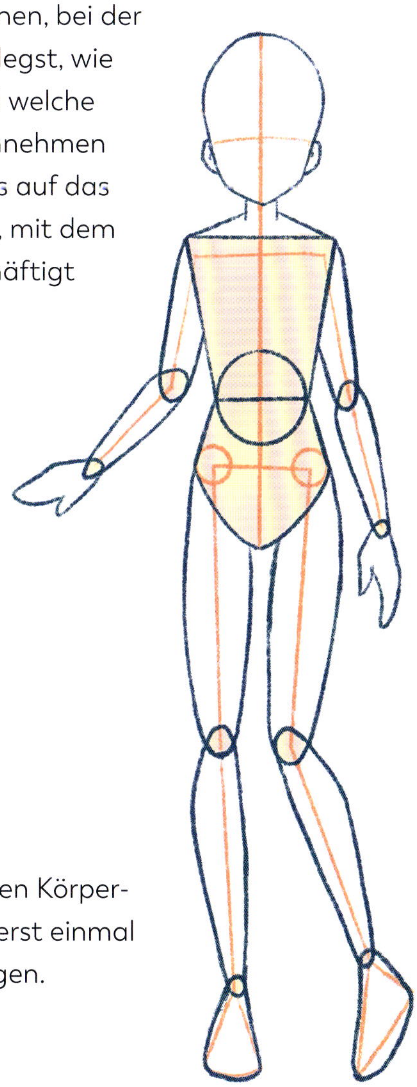

Schritt 2: Die groben Formen

Als nächstes kannst du die groben Formen der einzelnen Körperteile einzeichnen. Die müssen noch nicht perfekt sein, erst einmal geht es nur darum, einen ungefähren Aufbau festzulegen.

Schritt 3: Ausarbeitung

Im letzten Schritt kannst du dann die Formen noch mehr definieren und deiner Figur Gesicht und Haare geben. Damit solltest du am besten erst anfangen, wenn alle Formen des Körpers stimmen, ansonsten verbringst du möglicherweise viel Zeit mit kleineren Details, die du später wieder wegradieren musst.

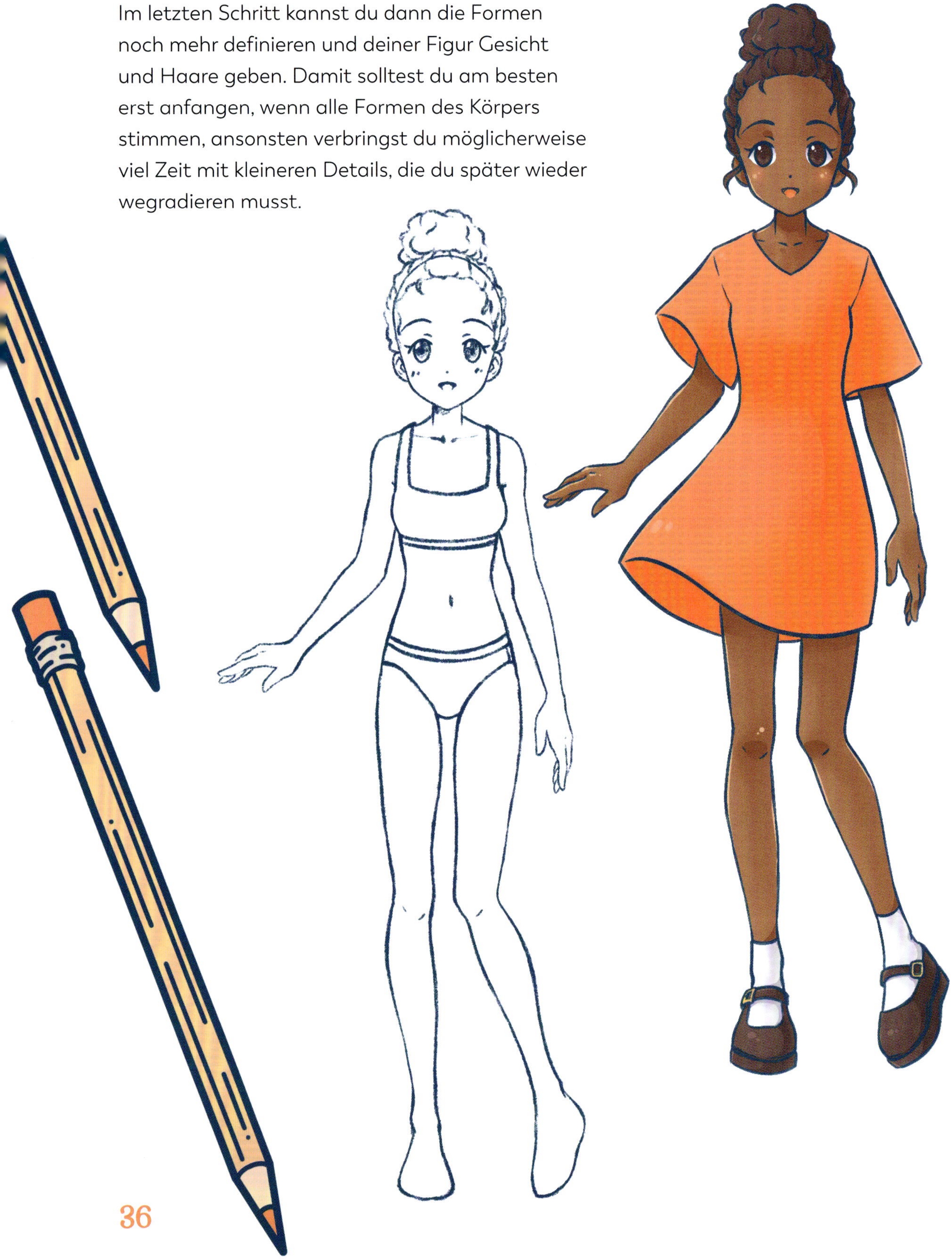

DEN TORSO ZEICHNEN

Schauen wir uns einmal genauer an, aus welchen Bestandteilen ein Körper aufgebaut ist. Zunächst wäre da der Torso, also das Mittelstück des Körpers. Er kann unterschiedliche anatomische Merkmale haben. Hier siehst du, wie du ihn am besten aufbauen kannst.

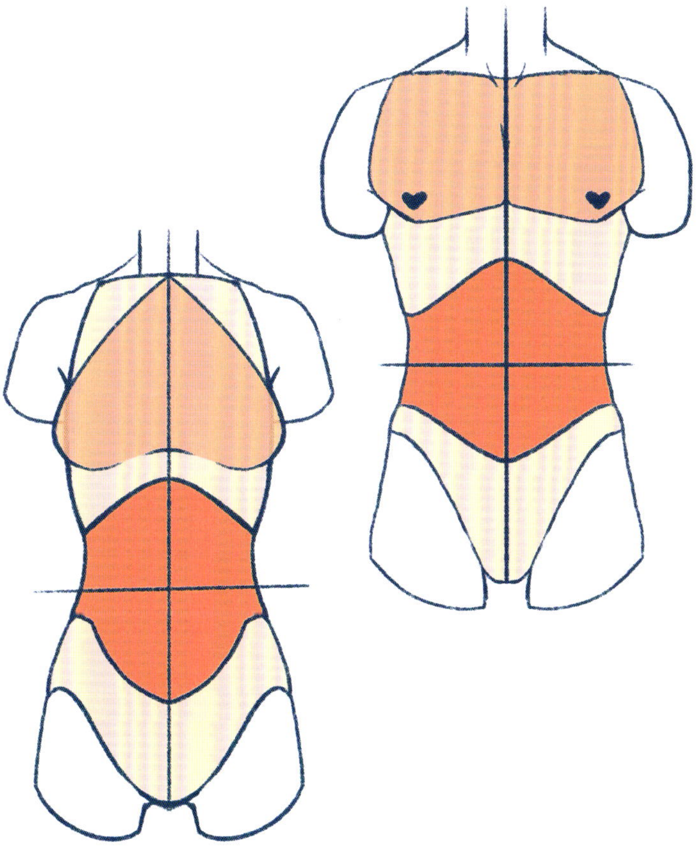

DIE GRUNDFORM

Vereinfacht dargestellt besteht ein Torso aus drei Teilen: dem Brustkorb, dem Bauch und den Hüften. Die Bauchregion ist dabei der bewegliche Teil. Die schmalste Stelle des Torsos wird auch als Taille bezeichnet und ist je nach Körperform deutlicher oder weniger deutlich ausgeprägt. Gerade für Posen in Bewegung ist es hilfreich, immer die Mittellinie mit einzuzeichnen.

VERSCHIEDENE AUSPRÄGUNGEN

Abhängig von deiner Figur kannst du nun Details im Brust- und Bauchbereich einzeichnen. Achte dabei besonders auf den Übergang zwischen Brust und Armen und vergiss nicht, die Schlüsselbeine mit einzuzeichnen.

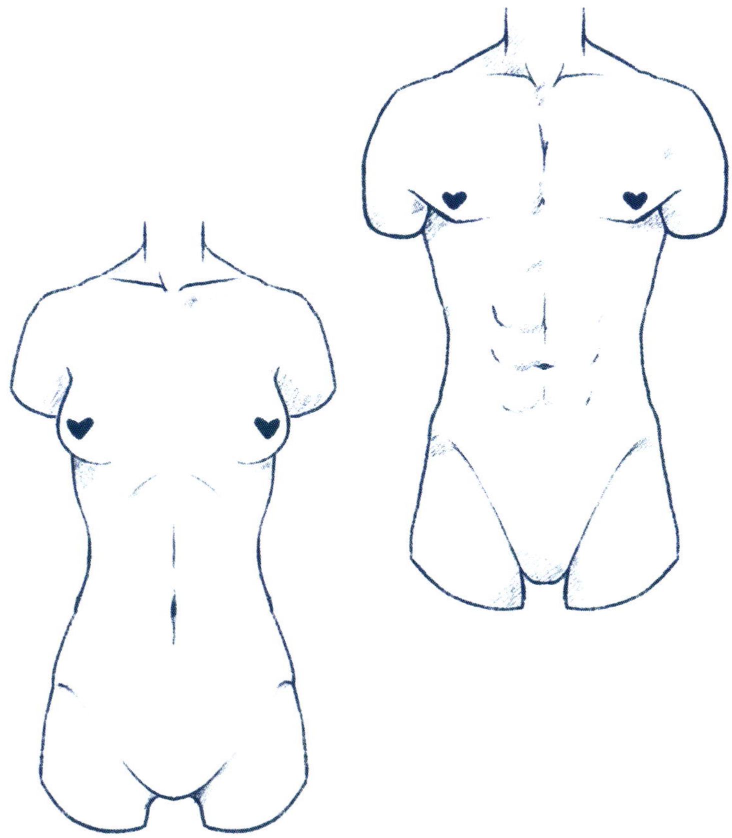

ARME ZEICHNEN

Wie du bestimmt schon erkannt hast, sind Arme nicht durchgängig gerade, sondern an einigen Stellen dicker oder dünner. Das liegt an den Muskeln, Knochen und Gelenken, die sich unter der Haut befinden. Du brauchst keine exakten Anatomiekenntnisse, aber ein Blick unter die Haut kann helfen zu verstehen, wie Arme gezeichnet werden.
Am einfachsten ist es, wenn du den Arm gedanklich in Schulterpartie, Ober- und Unterarm aufteilst.

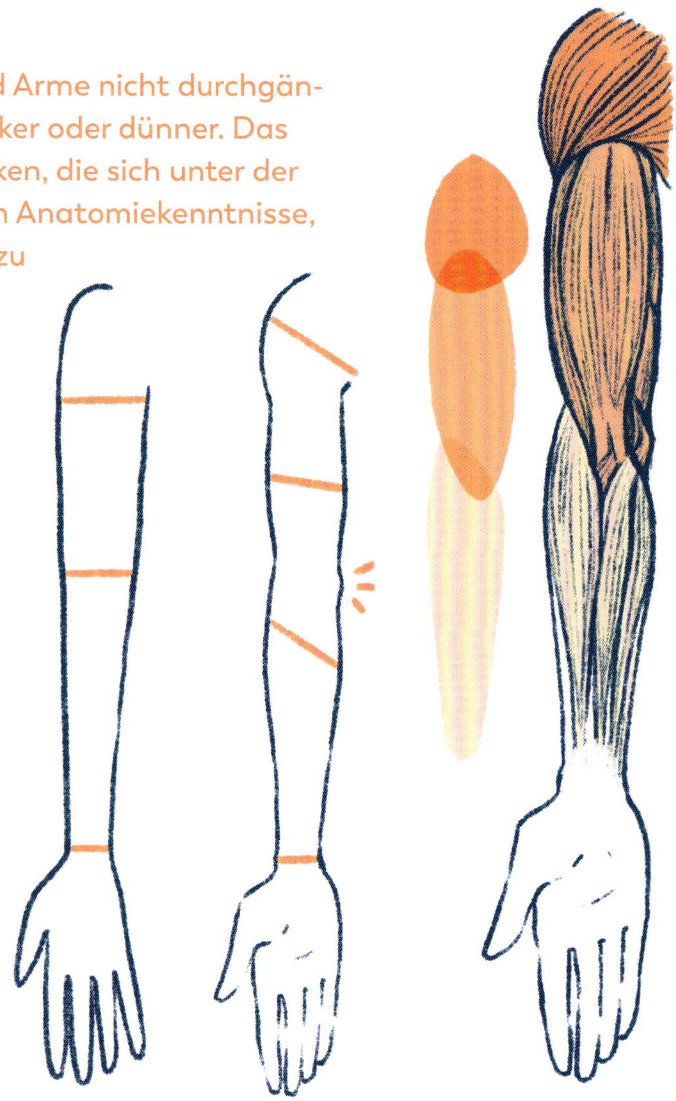

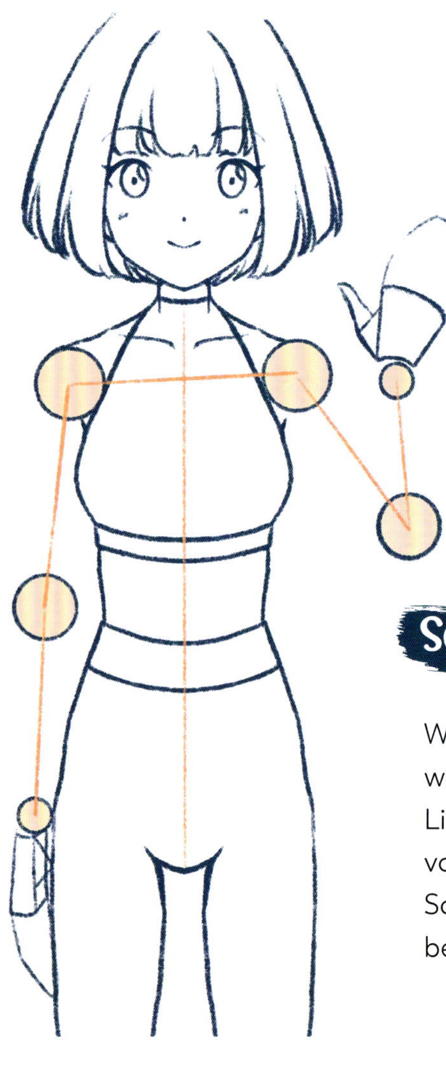

Schritt 1: Gelenke einzeichnen

Wenn du Arme an deinem Körper „anbringen“ möchtest, hilft es, wenn du zunächst die Gelenke als Kreise einzeichnest und mit Linien verbindest. Erinnere dich dabei an die Proportionsregeln von Seite 34! Achte auch darauf, in welchem Winkel sich die Schultern zueinander befinden: Da hier der linke Arm angehoben ist, befindet sich die linke Schulter etwas weiter oben.

Schritt 2: Die Arme in Form bringen

Wenn du weißt, wo sich die Gelenke befinden, kannst du die Form der Arme einzeichnen. Arbeite dich dabei am besten von Gelenk zu Gelenk vor und behalte im Hinterkopf, wo sich Muskeln und Knochen befinden.

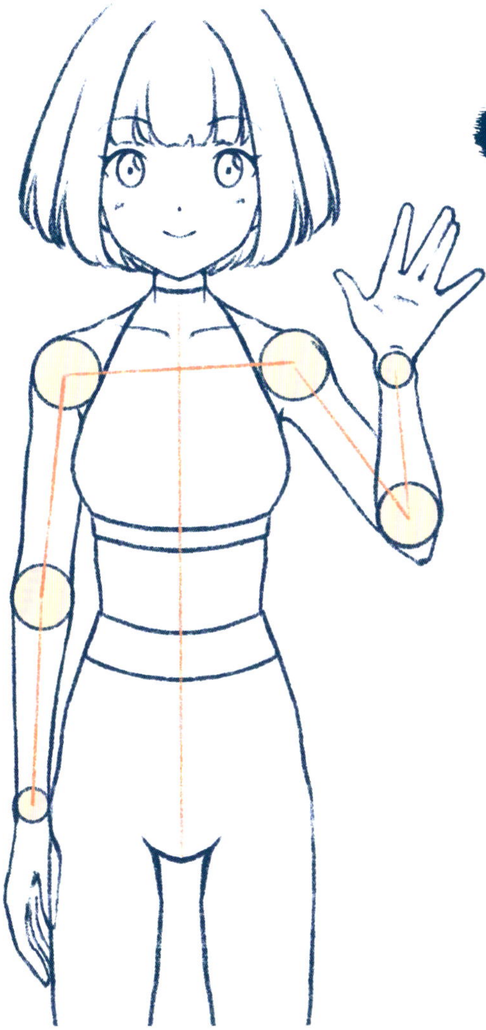

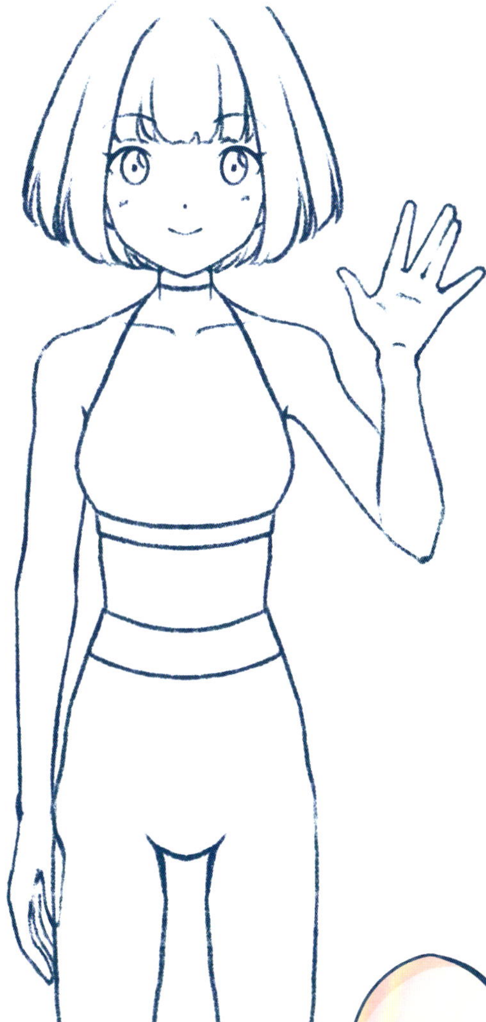

VERSCHIEDENE ARMPOSITIONEN

Diese verschiedenen Armpositionen können dir als Anhaltspunkte für eigene Zeichnungen dienen. Achte darauf, dass bei einigen Beispielen Bereiche des Arms durch die perspektivische Darstellung kürzer aussehen. Auch bei solchen Posen ist es hilfreich, wenn du zunächst die Gelenke einzeichnest und diese dann zu einem Arm verbindest.

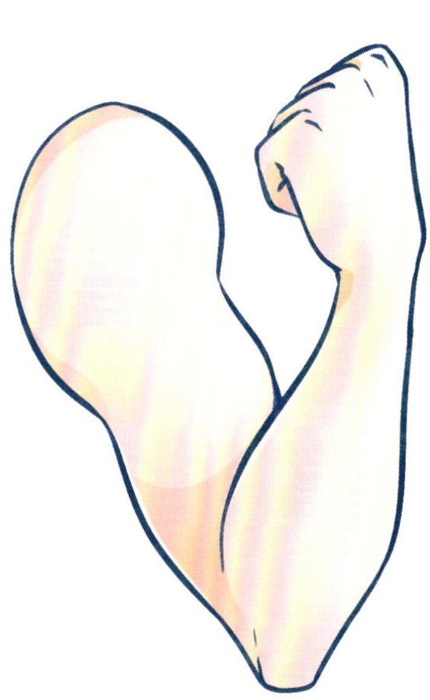

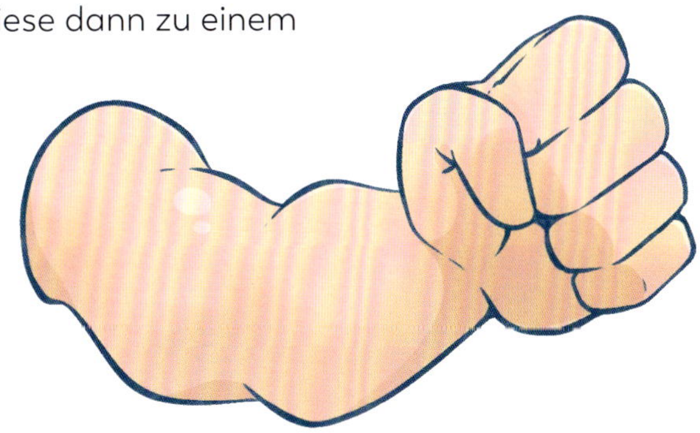

HÄNDE ZEICHNEN

Hände sind zeichnerisch nicht ganz einfach zu erfassen. Wenn du aber erst einmal verstehst, wie eine Hand eigentlich aufgebaut ist, wird es schon ein bisschen leichter.

(1) Handfläche und Mittelfinger sind ungefähr gleich lang
(2) Der Ansatz der Finger befindet sich auf einer gebogenen Linie
(3) Zwischen den Fingern ist ein kleiner Abstand – denke eher an ein kleines u als an ein v
(4) Der Daumen endet etwas oberhalb der Knöchel
(5) Die Finger sind nicht gleichmäßig dick, sondern werden nach oben hin etwas dünner

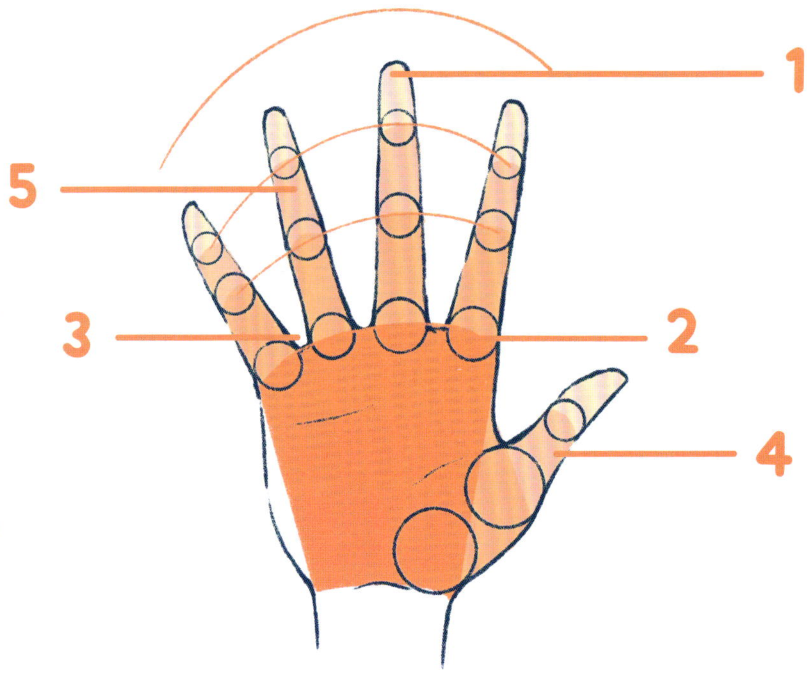

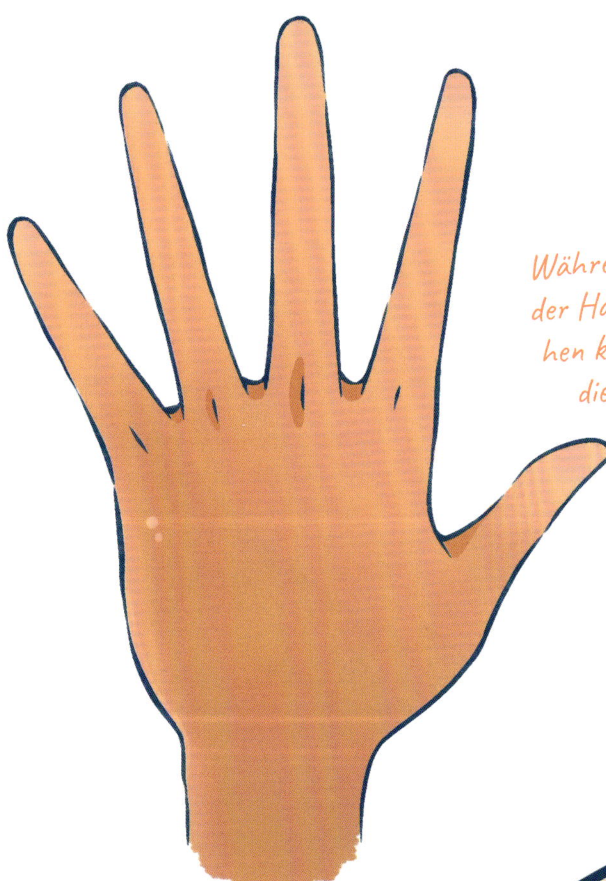

Während man auf der Innenseite der Hand die Handlinien leicht sehen kann, sind auf der Oberseite die Fingerknöchel sichtbar.

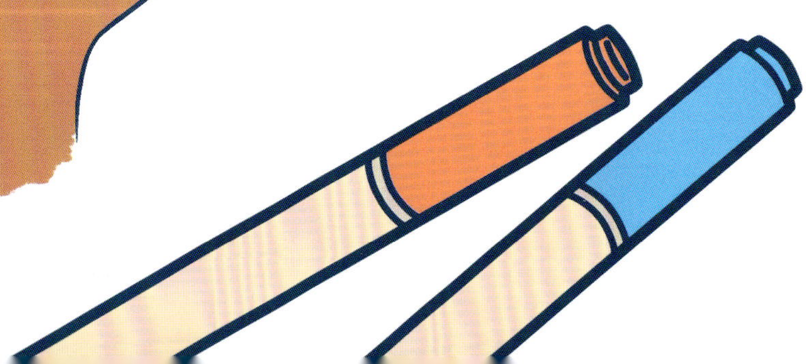

FINGER

Die Darstellung von Fingern ist im Manga-Stil oft sehr vereinfacht. Fingernägel werden entweder nur minimal angedeutet oder gar nicht eingezeichnet, und auch Falten in der Haut gibt es nur, wenn die Finger sich biegen. Hier siehst du auch noch einmal, wie die einzelnen Fingerglieder nach oben hin kleiner werden.

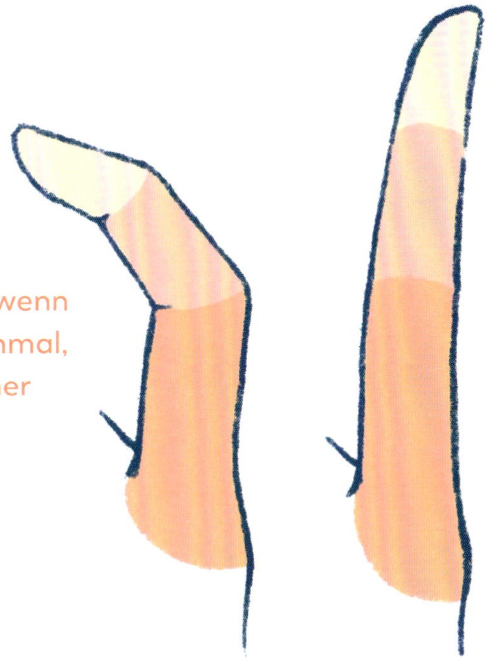

HÄUFIGE FEHLER

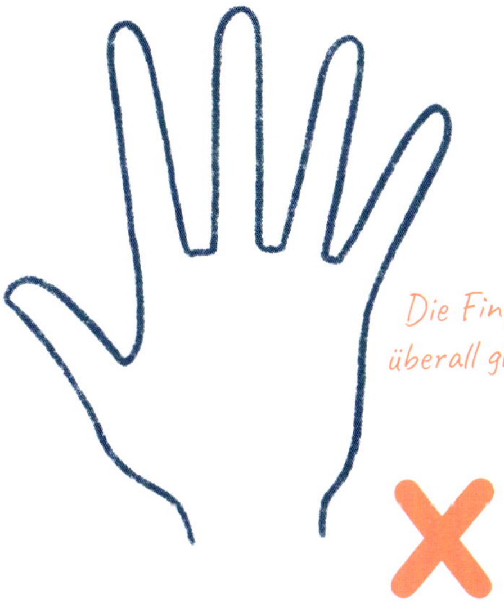

Die Finger sind überall gleich dick.

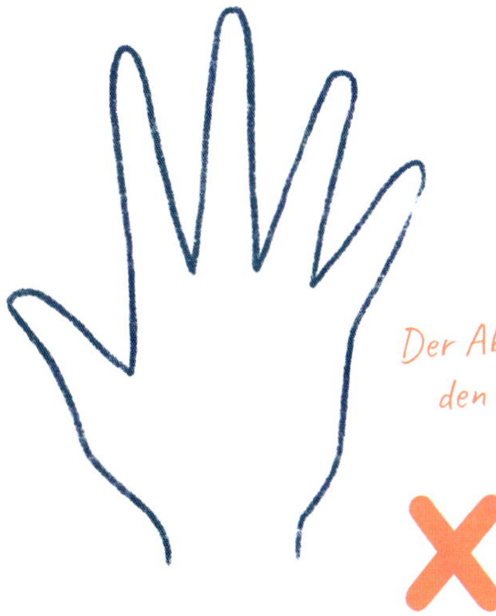

Der Abstand zwischen den Fingern fehlt.

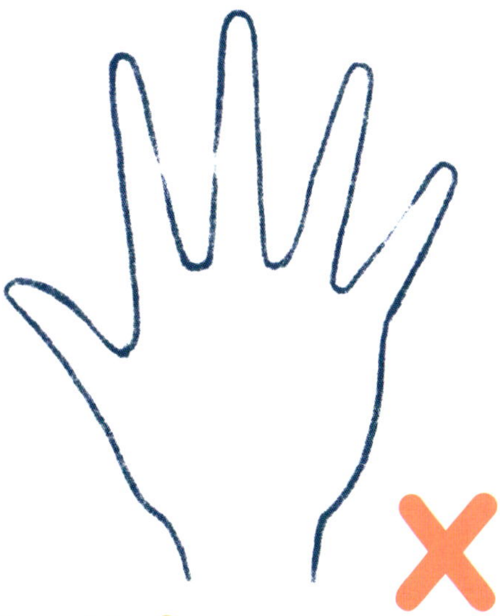

Hier ist der Daumen zu weit oben.

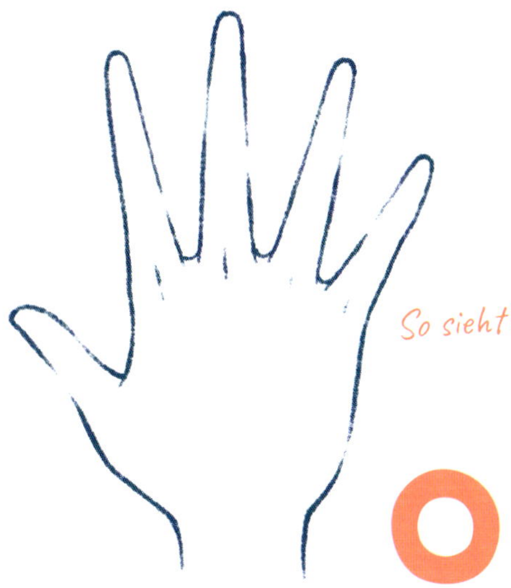

So sieht's gut aus!

EINE HAND KONSTRUIEREN

Beim Händezeichnen hilft es, wie so oft, wenn du zunächst die grobe Form einzeichnest und dann Schritt für Schritt die einzelnen Finger ausarbeitest.

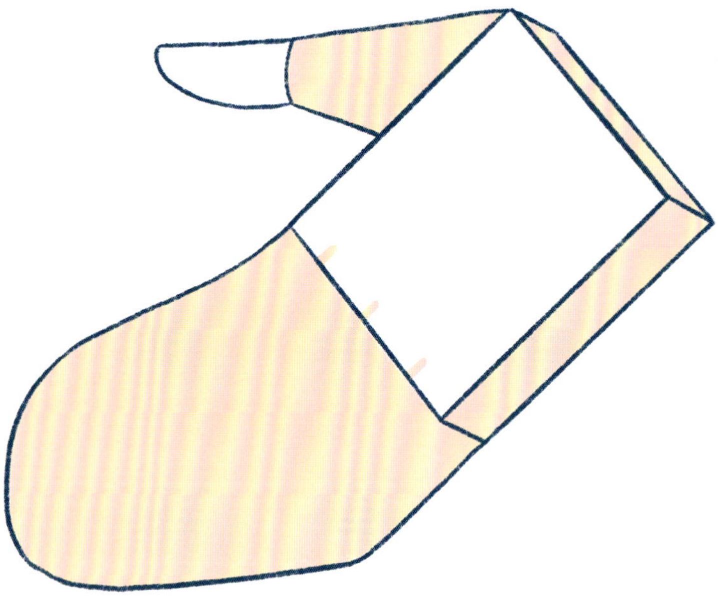

Schritt 1: Die grobe Form

Stelle dir die Handfläche am besten vor wie einen Kasten: Das hilft dir, dich an die Dreidimensionalität zu erinnern. Die Finger, mit Ausnahme des Daumens, kannst du zunächst zu einer einzelnen Form zusammenfassen.

Schritt 2: Die Ausarbeitung

Markiere dir, wo die einzelnen Finger beginnen sollen und zeichne zunächst den kleinen Finger und den Zeigefinger ein. Dadurch hast du am Ende genug Platz für alle Finger.

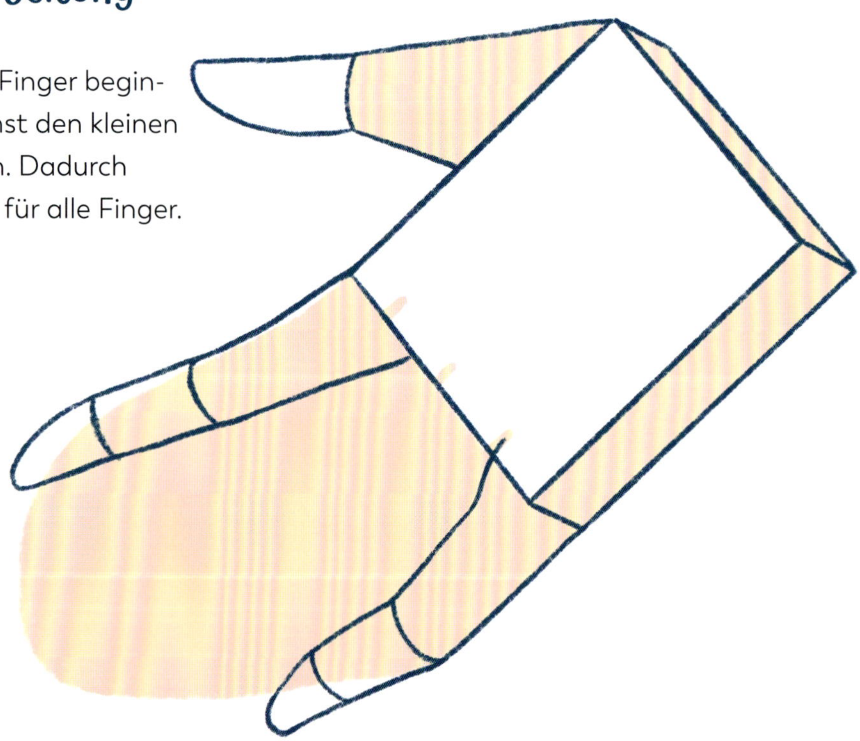

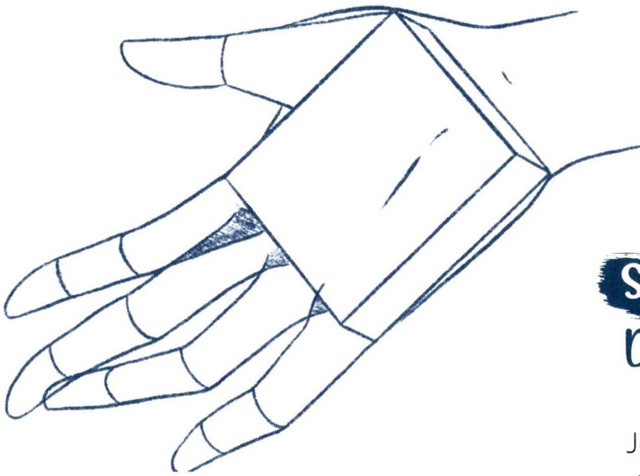

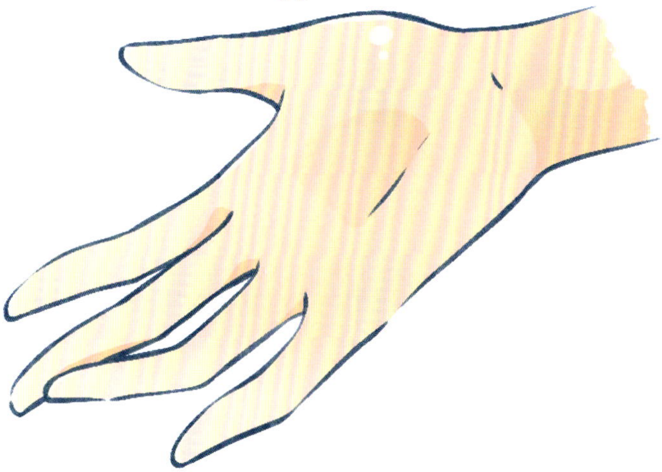

Schritt 3:
Die finale Form

Jetzt kommen noch der Ring- und der Mittelfinger hinzu. Denke daran, dass sich die Finger zum Teil gegenseitig verdecken. Beim Einzeichnen der Finger hilft es außerdem, wenn du Fingerglied für Fingerglied vorgehst.

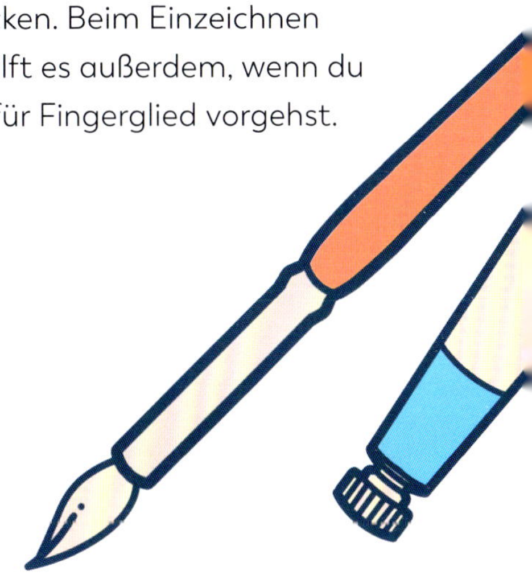

VERSCHIEDENE HANDHALTUNGEN

Diese verschiedenen Handhaltungen können dir als Anhaltspunkte für eigene Zeichnungen dienen.

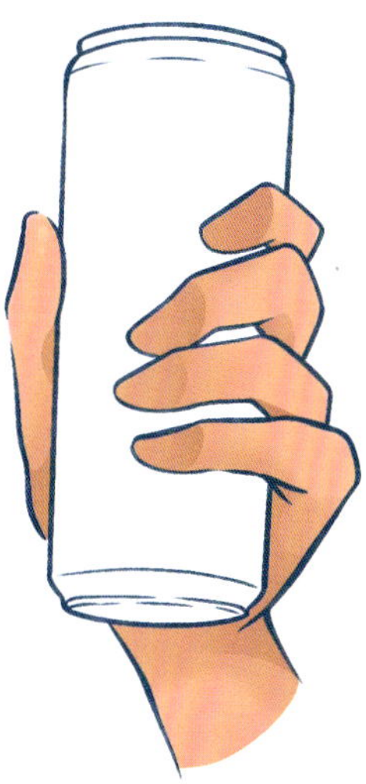

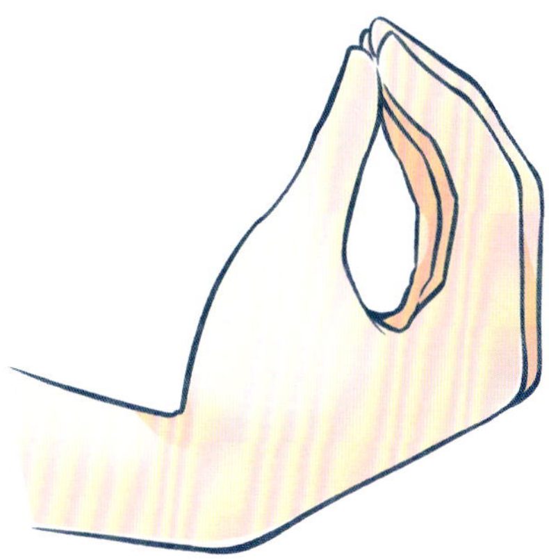

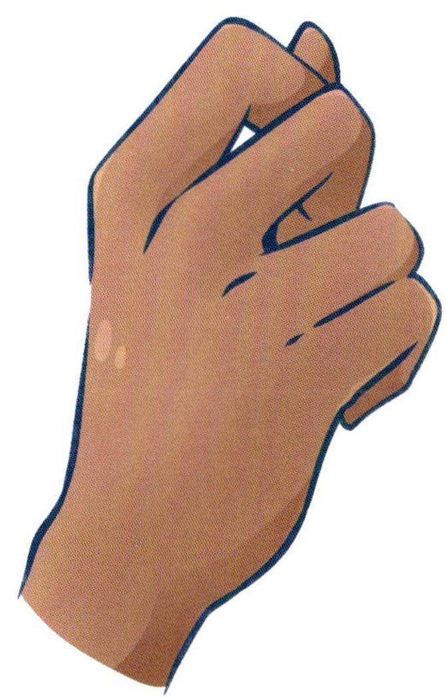

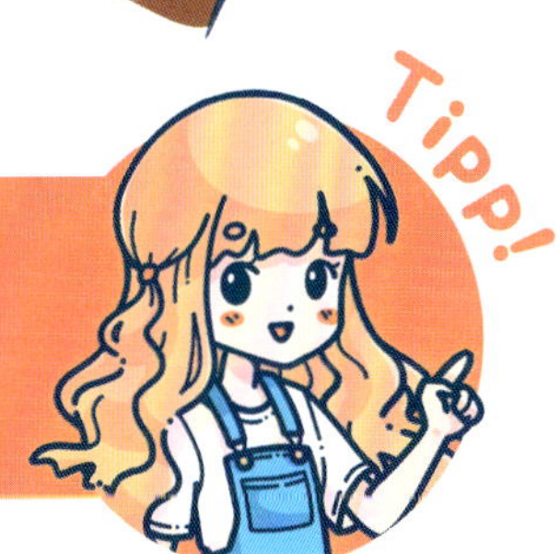

Gerade weil Hände nicht leicht zu zeichnen sind, kann es besonders hilfreich sein, deine eigenen Hände als Vorlage zu nehmen. Natürlich kannst du auch Fotos als Referenz suchen.

BEINE ZEICHNEN

Genau wie Arme sind auch die Beine keine geraden Blöcke, sondern ihre Form wird durch die darunterliegenden Muskeln, Knochen und Gelenke bestimmt. Auch hier ist es also hilfreich, sich einmal zu vergegenwärtigen, wie diese Elemente unter der Haut verlaufen und dabei die Form des Beins beeinflussen.

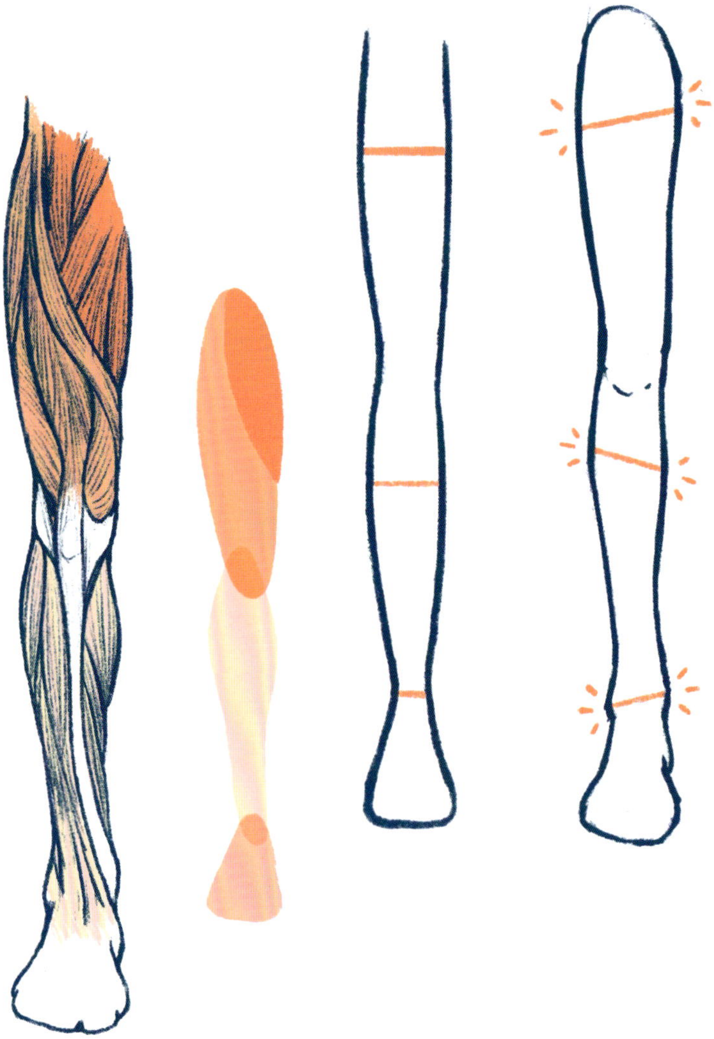

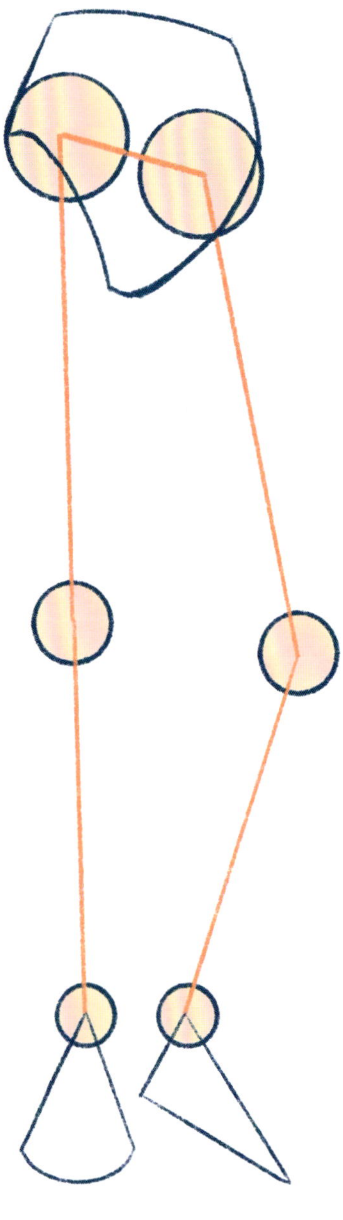

Schritt 1: Gelenke einzeichnen

Wie bei den Armen auch zeichnest du für die Beine am besten zuerst die Gelenke in Form kleiner Kreise an Hüfte, Knien und den Fußknöcheln ein. Das hilft auch zu bestimmen, wie lang das Bein sein muss.

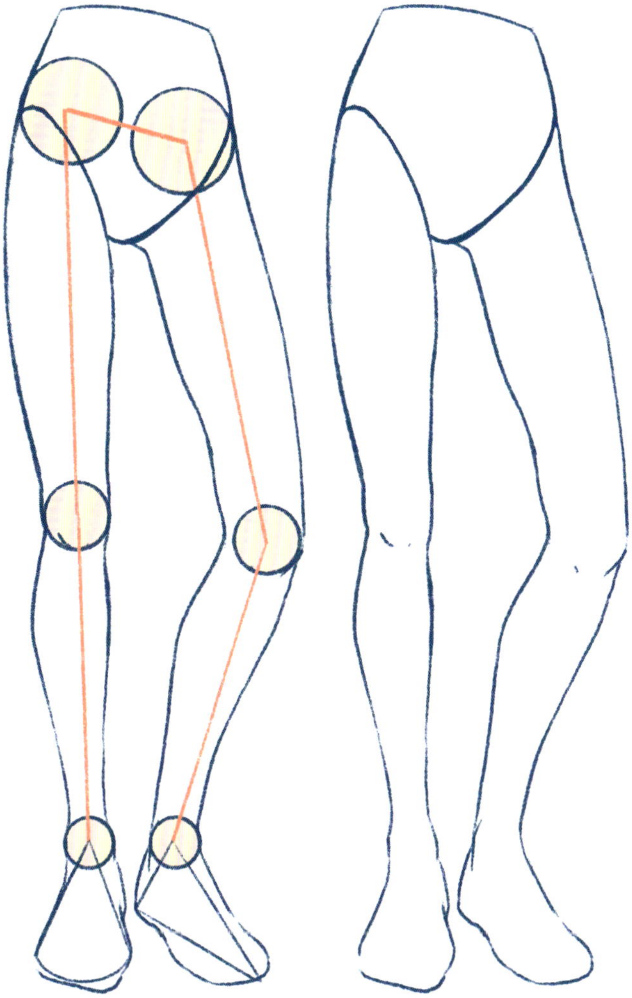

Schritt 2:
Die Beine in Form bringen

Verbinde dann die Gelenke miteinander und achte auf die Form der Beine. Abhängig davon, wie kräftig deine Figur ist, kannst du die Muskeln ausgeprägter darstellen oder sie nur leicht andeuten.

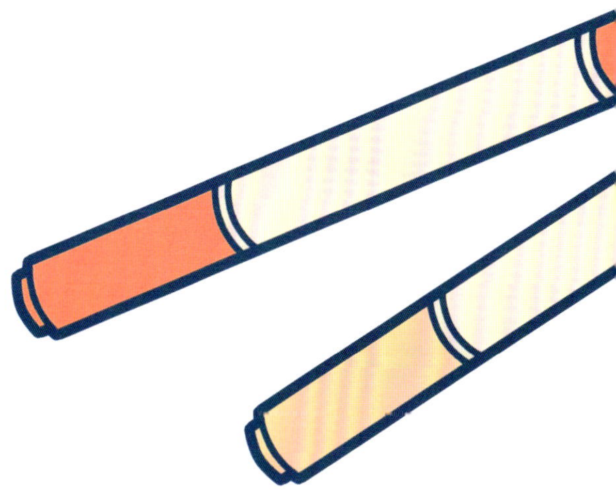

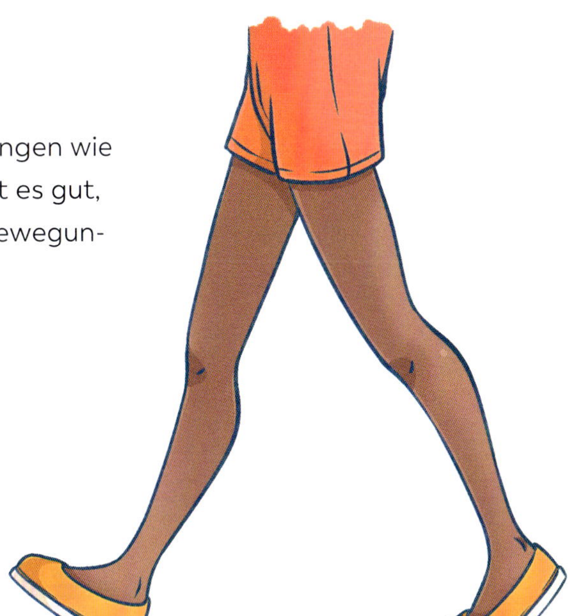

VERSCHIEDENE BEINPOSITIONEN

Beine sind sehr vielseitig, da sie für verschiedene Handlungen wie Gehen, Sitzen oder Springen genutzt werden. Deshalb ist es gut, wenn du dich damit vertraut machst, wie genau diese Bewegungen funktionieren.

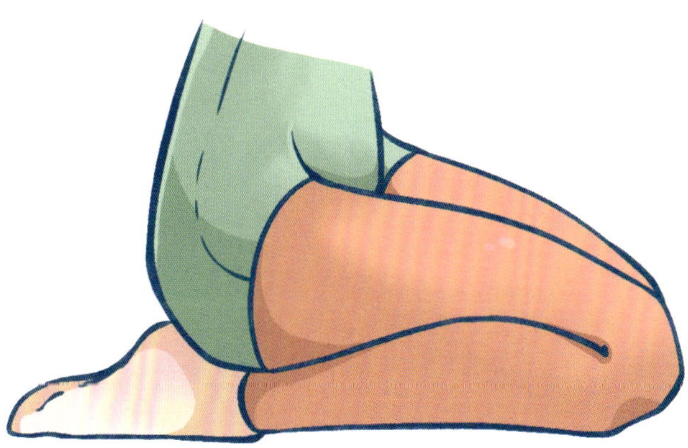

FÜSSE ZEICHNEN

Füße sind wahrscheinlich fast genauso ein beliebtes Thema wie Hände, wenn es ums Zeichnen geht. Zum Glück ist ihr Aufbau etwas einfacher, da die Zehen nicht so lang sind – schauen wir also mal, wie es um die Füße steht.

DER AUFBAU

Beim Zeichnen eines Fußes tust du dich leichter, wenn du den Fuß in verschiedene Partien unterteilst: Zehen (1), Fußballen (2), Mittelfuß (3) und Ferse (4). Das hilft dir dabei, Füße aus unterschiedlichen Winkeln darzustellen und keinen der Bereiche zu vergessen.

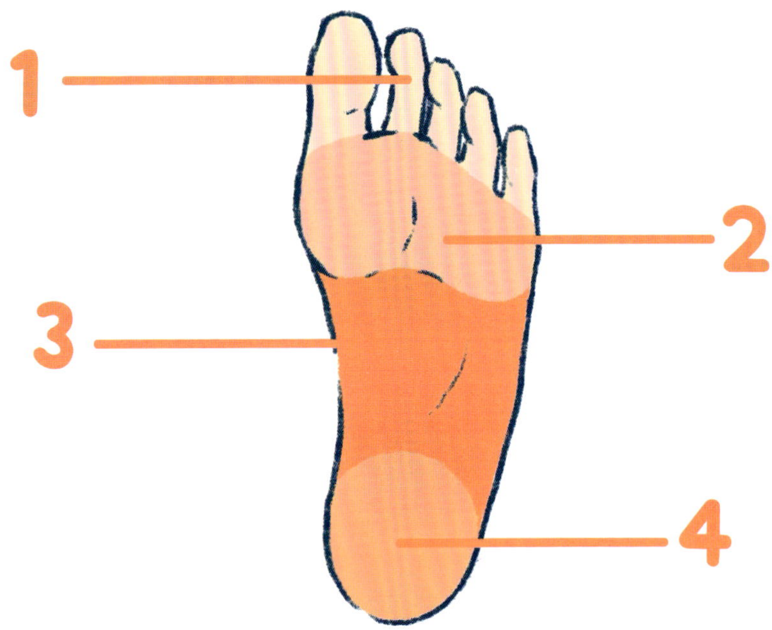

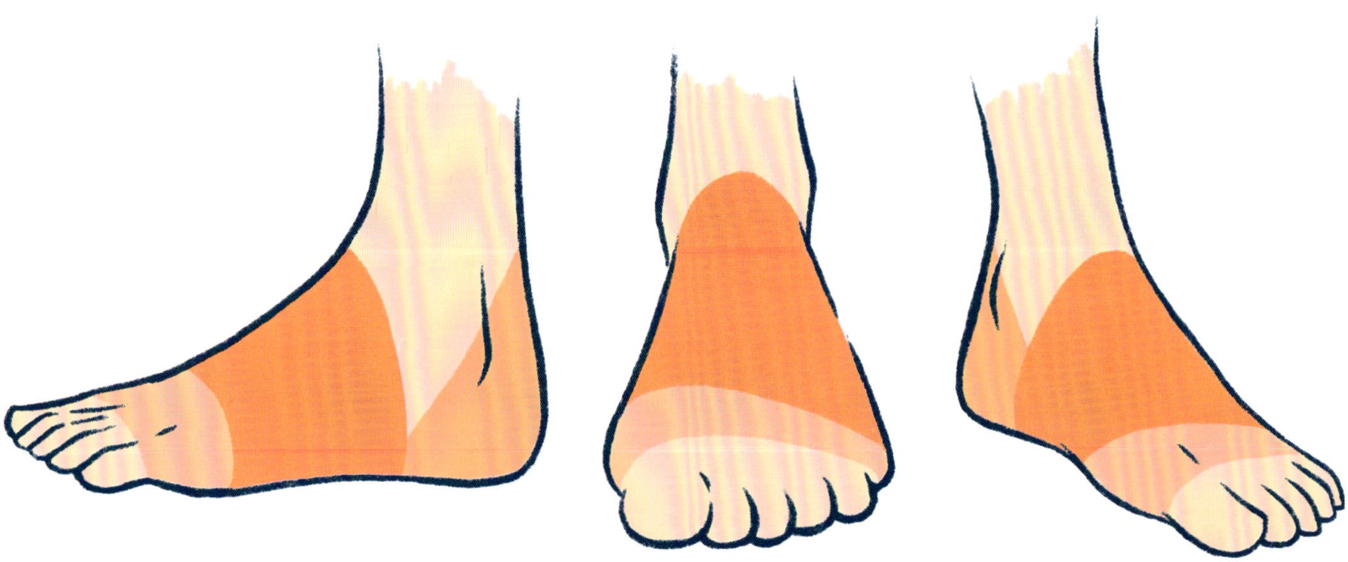

EINEN FUSS KONSTRUIEREN

Schritt 1: Grobe Form

Am besten beginnst du mit der groben Form des Fußes. Das kann ein Dreieck sein, oder auch zwei Kreise: einen größeren für die Ferse und einen kleineren für den Fußballen. Diese kannst du dann zu einer Fußform verbinden.

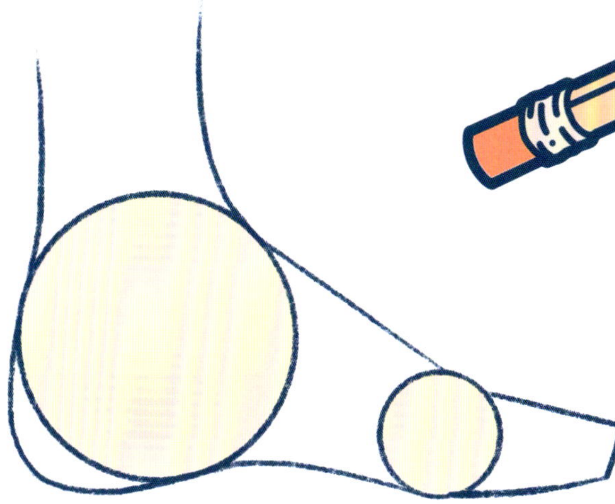

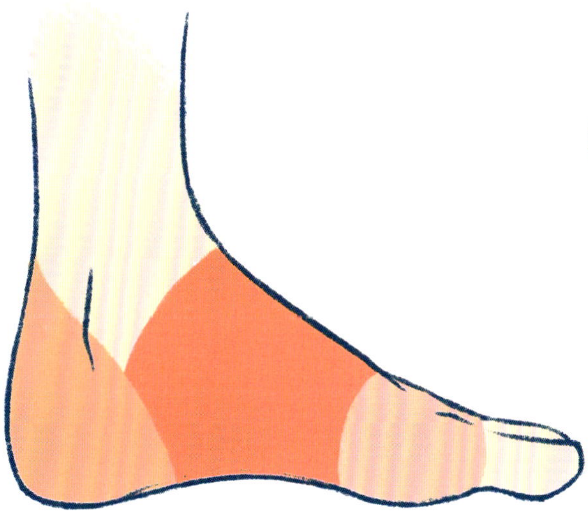

Schritt 2: Details einzeichnen

Als nächstes kannst du dann Details wie den Fußknöchel und die einzelnen Zehen einzeichnen. Achte darauf, dass die Zehen unterschiedlich lang sind und du daher, je nach Ansicht, alle Zehen oder nur den großen sehen kannst.

VERSCHIEDENE FUSSHALTUNGEN

Diese verschiedenen Fußhaltungen können dir als Anhaltspunkte für eigene Zeichnungen dienen.

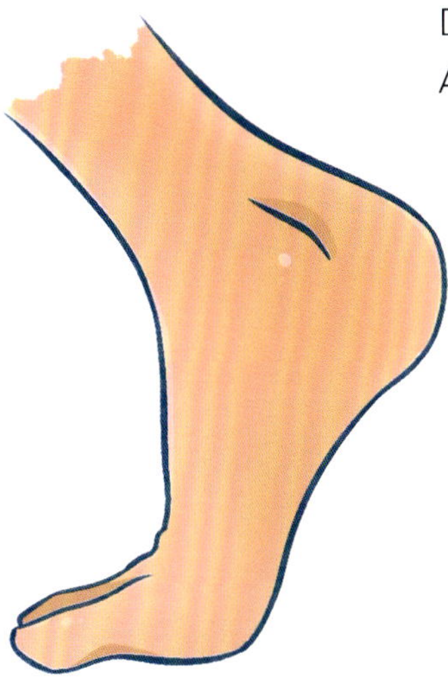

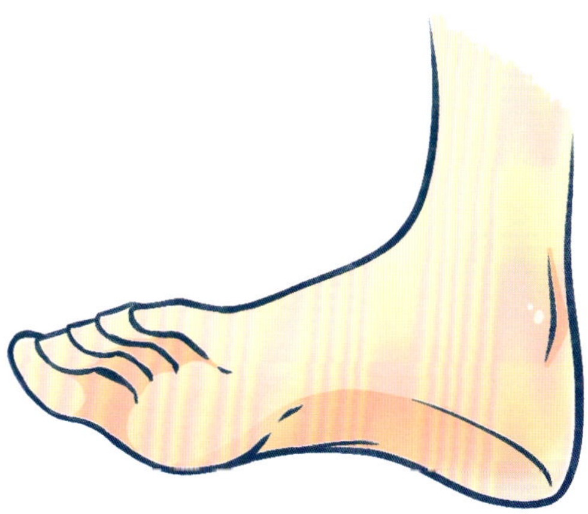

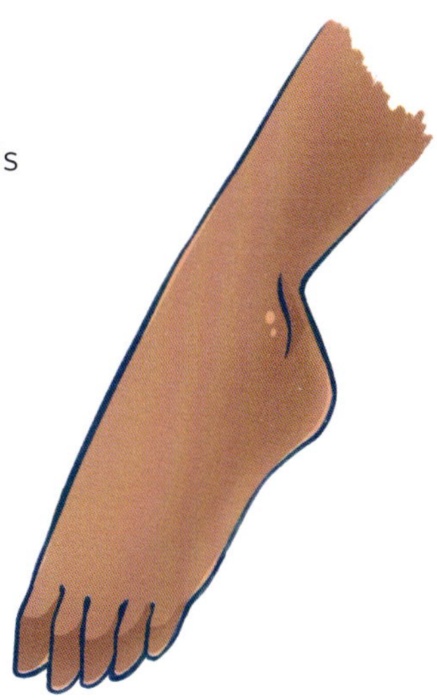

SCHUHE ZEICHNEN

Da wir eher Schuhe tragen als barfuß aufzutreten, ist es wichtig, dass du diese zeichnen kannst. Es hilft dir auch hier, erst die grobe Form der Füße einzuzeichnen, bevor du mit den Schuhen beginnst.

Schritt 1: Die Schuhsohle

Am einfachsten ist es, wenn du damit anfängst, die Schuhsohle einzuzeichnen. Stelle den Fuß dafür quasi auf eine Art fußförmiges „Podest“.

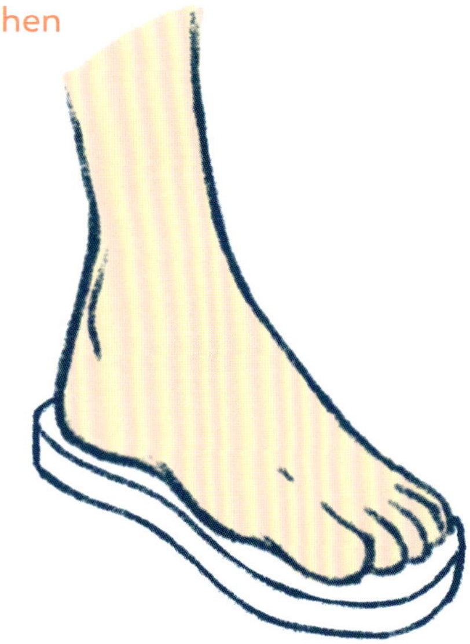

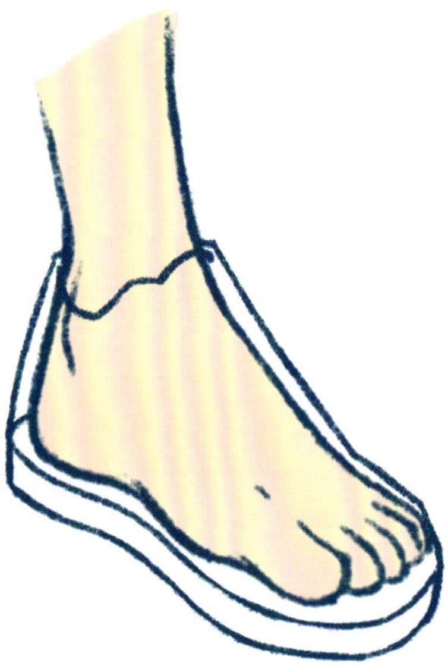

Schritt 2: Die Schuhform

Als nächstes kannst du die Form der Schuhe einzeichnen. Lass hier genug Platz zum Fuß und schau, dass an allen Seiten noch etwas Freiraum ist: Der Schuh soll ja nicht drücken.

Schritt 3: Die Details

Jetzt kannst du die Schuhe so ausarbeiten, wie es dir gefällt. Ob coole Sneaker, schlichte Halbschuhe oder stylische Stiefel – schau dir am besten Fotos von echten Schuhen an, damit du weißt, wo sich etwa Nähte und Laschen befinden.

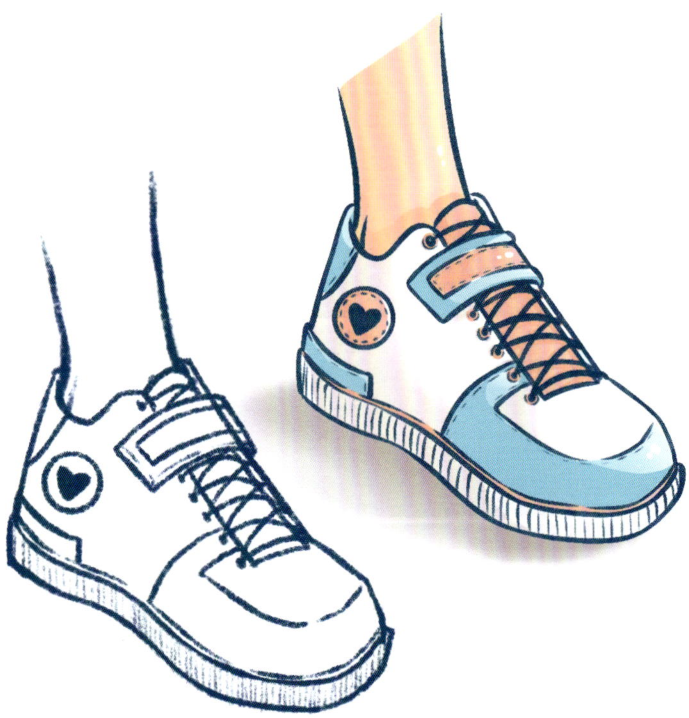

POSEN

Langsam ist es an der Zeit, deine Figuren in Bewegung zu bringen. Völlig aufrecht stehende Menschen sehen etwas steif und langweilig aus, daher schauen wir uns jetzt an, wie wir etwas Dynamik in unsere Posen bekommen!

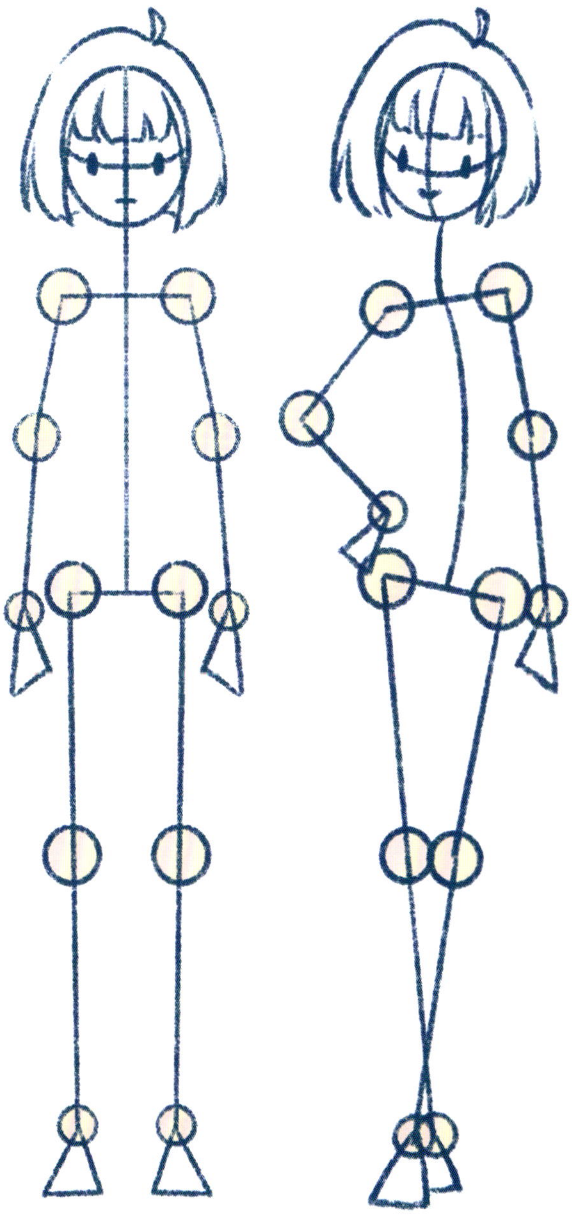

DAS GRUNDGERÜST

Lass uns noch einmal zu unseren Strichfiguren zurückkehren, die wir schon vom Zeichnen des Körpers kennen (s. Seite 35). Für dynamischere Posen geht es darum, die geraden Linien von Schultern und Hüften zu kippen, der Mittellinie Schwung zu verleihen und Armen und Beinen eine „Aufgabe“ zu geben. Hier kannst du gut den Unterschied erkennen, den allein das Kippen von Schultern und Hüften bei einer stehenden Pose machen kann.

POSEN ÜBERLEGEN

Um eine sinnvolle Pose zu kreieren, kannst du dir überlegen, welche Handlung deine Figur gerade ausführen könnte. Sitzt sie an einem Steg, kämpft sie gerade oder trinkt sie einfach nur eine Flasche Wasser? Wenn dir keine konkrete Handlung einfällt, kannst du auch überlegen, wie sie vielleicht für ein Foto posieren würde. Dadurch wirkt die Körperhaltung deiner Figur am Ende glaubhafter.

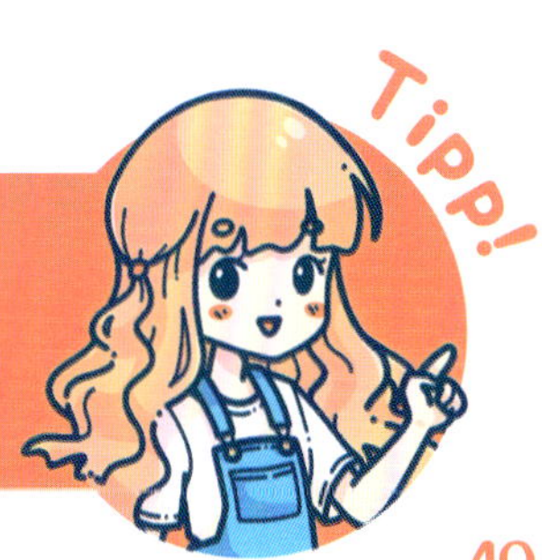

Bevor du dich für eine Pose entscheidest, zeichne zuerst ein paar kleine Strichfiguren oder sehr grobe Skizzen, um herauszufinden, wie deine Figur sich am besten bewegen könnte.

EINE POSE KONSTRUIEREN

Nachdem du dich für eine Pose entschieden hast, beginnst du am besten mit der groben Vorzeichnung einer Strichfigur mit Gelenken. Wenn du dieses Grundgerüst zuerst zu Papier bringst, hast du später nicht das Problem, dass deine Figur nicht mehr ganz aufs Blatt passt.

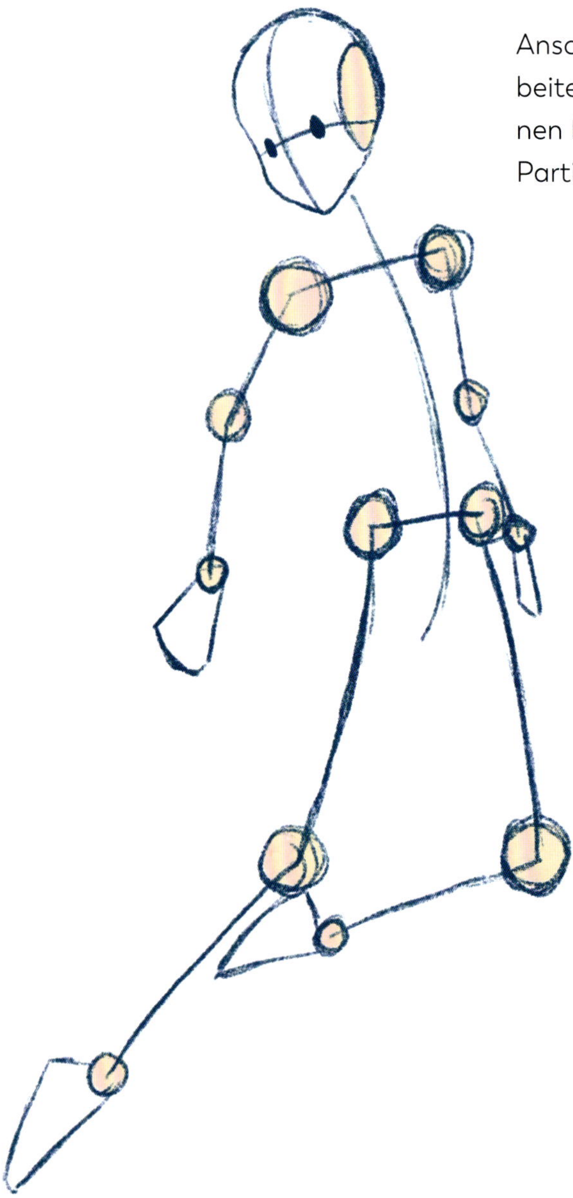

Anschließend kannst du die Zeichnung weiter ausarbeiten, indem du erst die groben Formen der einzelnen Körperteile einzeichnest und dann die einzelnen Partien nach und nach ausarbeitest.

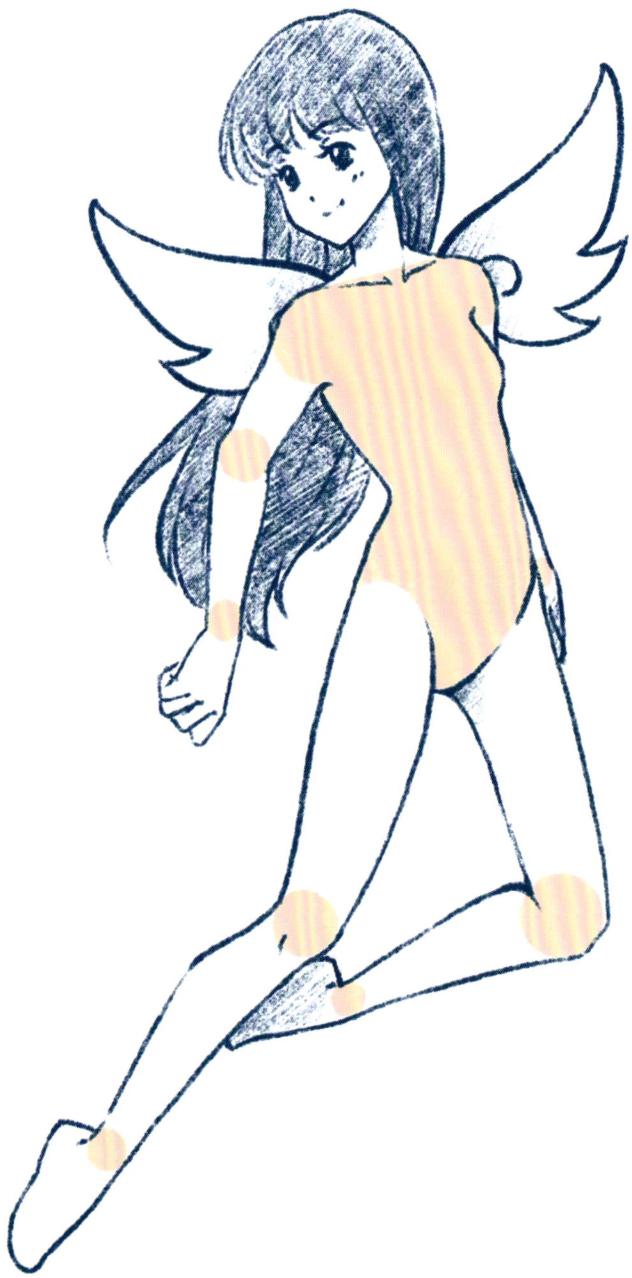

VERSCHIEDENE POSEN

Hier findest du eine kleine Auswahl verschiedener Posen, die dir als Anhaltspunkte für eigene Zeichnungen dienen können.

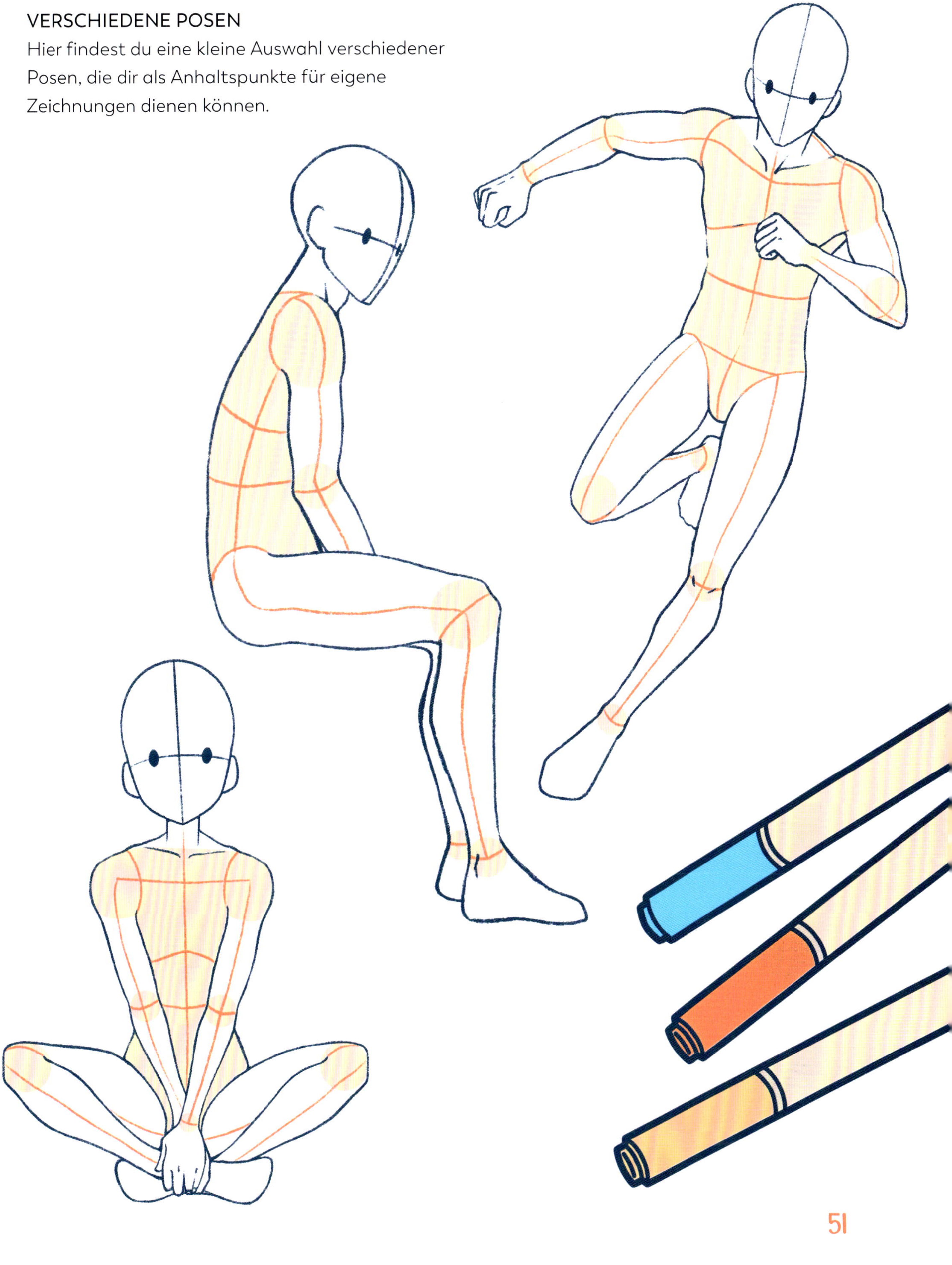

EMOTIONEN

Vielleicht hast du schon einmal gehört, dass es fünf grundlegende Emotionen gibt: Freude, Trauer, Wut, Ekel und Überraschung. Die Gesichtsausdrücke, die diese Emotionen bei Menschen auslösen, werden zeitlich und kulturell unabhängig von allen erkannt. Daher schauen wir uns jetzt mal an, wie wir diese Gesichtsausdrücke am besten darstellen können.

FREUDE

Bei einem fröhlichen Lachen sind die Augen geschlossen und werden als Bögen dargestellt, die nach oben zeigen. Der Mund ist lachend geöffnet und die Wangen leicht gerötet.

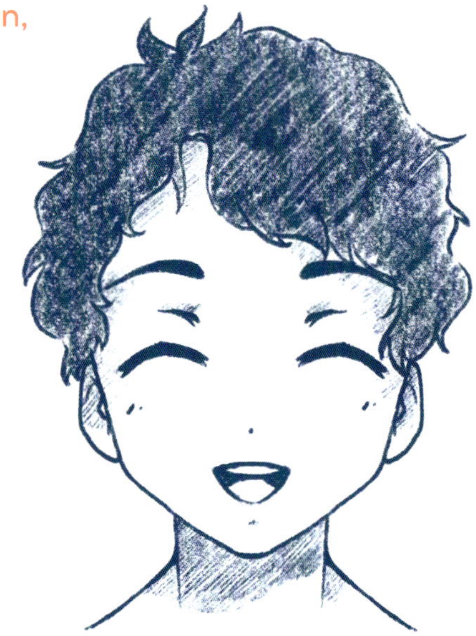

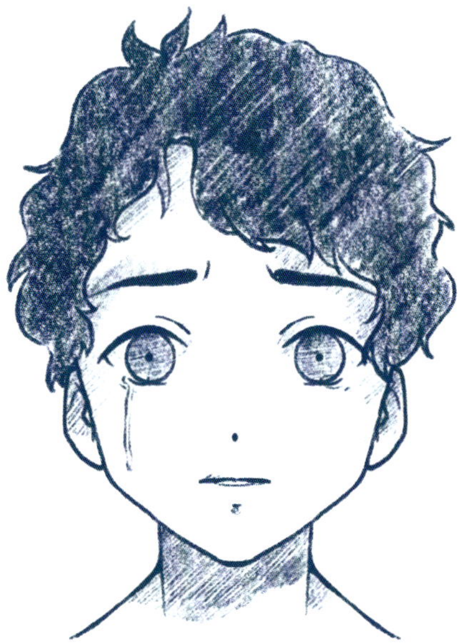

TRAUER

Die Augenbrauen fallen nach außen ab und die Augen wirken durch die fehlenden Lichtreflexe leer. Der Mund ist minimal geöffnet und die Figur hat Tränen in den Augen.

WUT

Bei einer wütenden Person zeigen die Augenbrauen schräg zur Mitte hin nach unten und es bilden sich Falten im Augenbereich. Der Lippen sind zusammengepresst und der Blick ist starr nach vorn gerichtet.

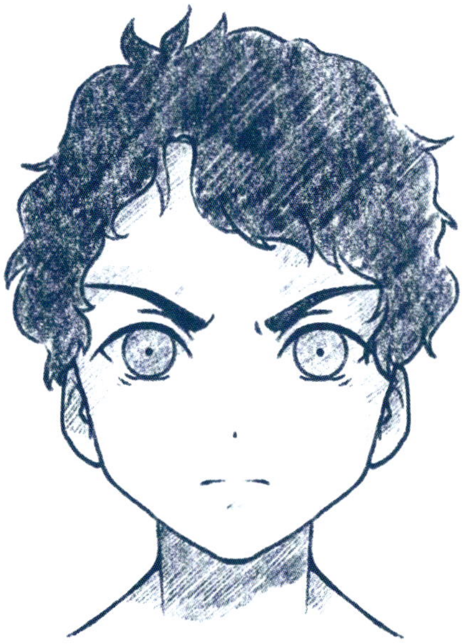

EKEL

Hier sind die Augenbrauen und der Mund leicht nach oben gezogen, ebenso wie die Wangen. Die Figur blickt zweifelnd und etwas angeekelt nach unten.

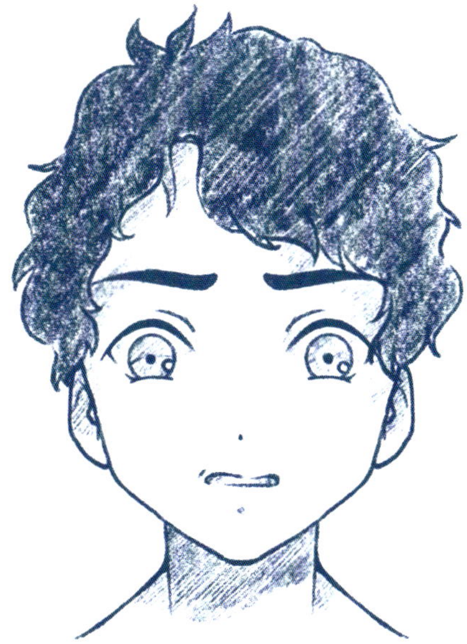

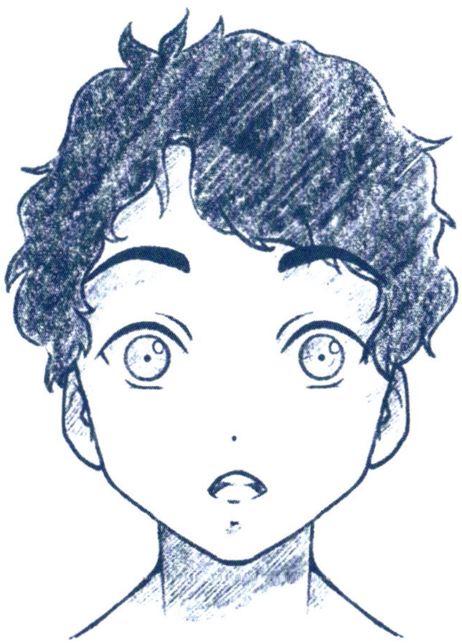

ÜBERRASCHUNG

Die Augen sind weit geöffnet, sodass rund um die Iris das Weiße vom Auge zu sehen ist. Die Augenbrauen sind nach oben gezogen und der Mund ist erstaunt geöffnet.

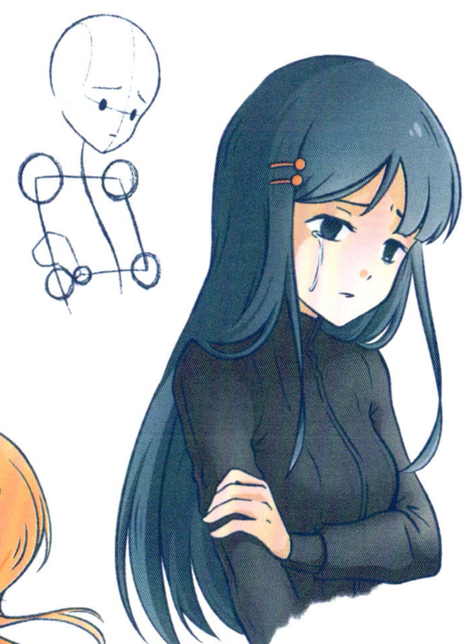

KÖRPERSPRACHE

Wenn du Emotionen noch besser darstellen möchtest, solltest du auch die Körperhaltung der Figur mitbedenken. Eine gut gelaunte Figur wird sich dem Betrachter vermutlich eher zuwenden und eine offene und entspannte Körperhaltung haben, während eine traurige Figur sich eher abwendet, die Schultern hochzieht und wegschaut.

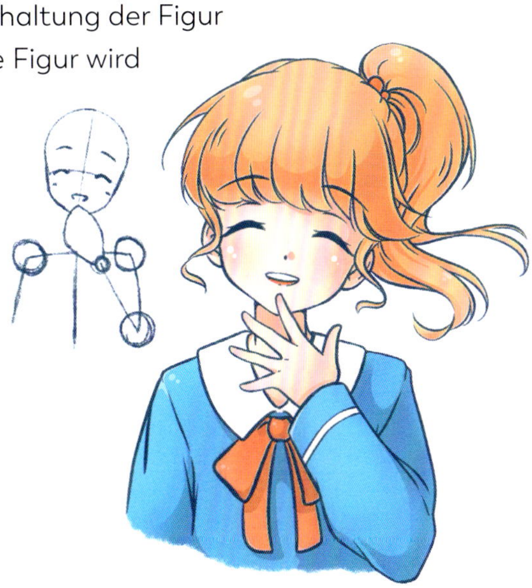

KLEIDUNG UND FALTENWURF

Bestimmt möchtest du deinen Figuren auch etwas zum Anziehen geben – es ist daher wichtig, dass du verstehst, wie sich verschiedene Stoffe verhalten und wo Falten entstehen. Fangen wir zunächst mit den Grundlagen an.

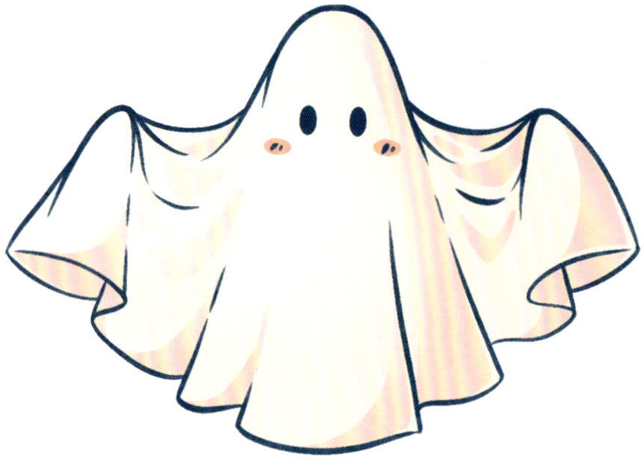

FALTENWURF

Falten entstehen vor allem dort, wo Stoff zusammengeschoben wird, bei Hosen beispielsweise am Knie oder bei Shirts in der Armbeuge. Ähnlich wie bei den Haaren gilt auch hier, dass es am besten aussieht, wenn du die einzelnen Linien der Falten nicht von oben bis unten durchziehst, sondern zwischendurch etwas unterbrichst.

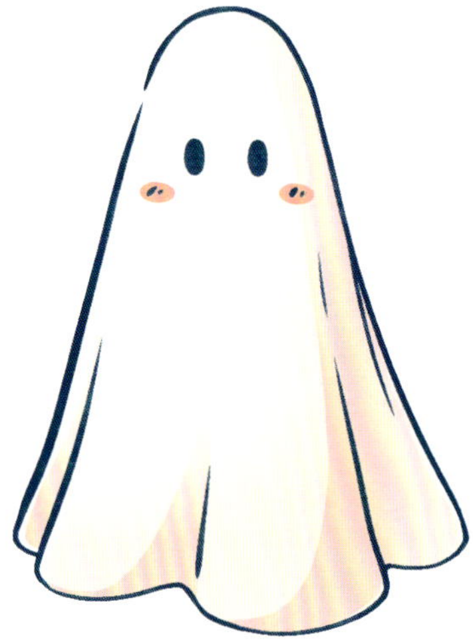

KLEIDUNG ZEICHNEN

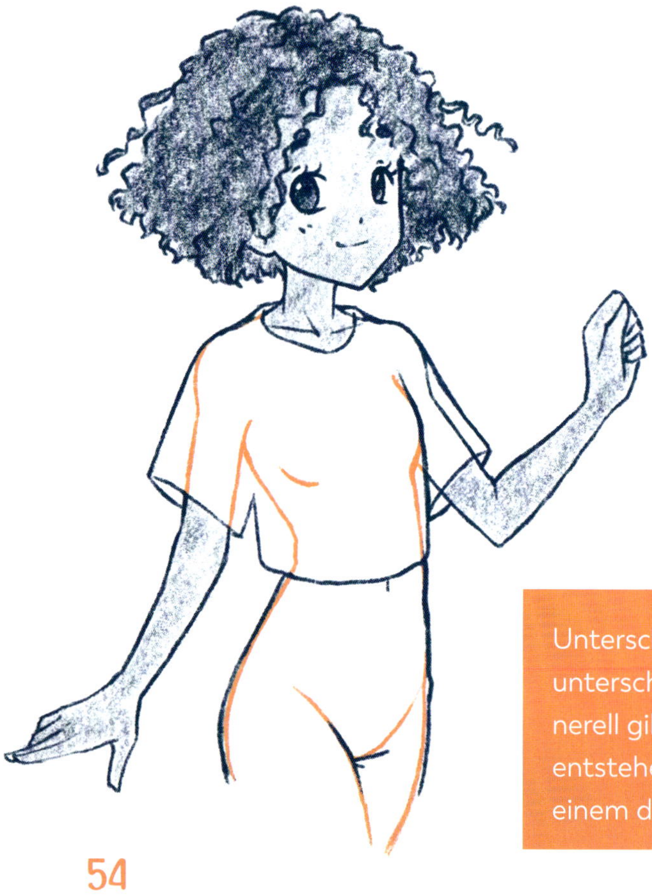

Schritt 1: Grobe Form

Zunächst einmal kannst du die grobe Form der Kleidung über den Körper zeichnen. Es hilft, wenn du den Körper bereits komplett gezeichnet hast, bevor du ihn „anziehst", damit die Proportionen unter dem Outfit stimmen.

Unterschiedliche Stoffe werfen unterschiedlich starke Falten. Generell gilt: Wenn der Stoff dicker ist, entstehen weniger Falten als bei einem dünneren Stoff.

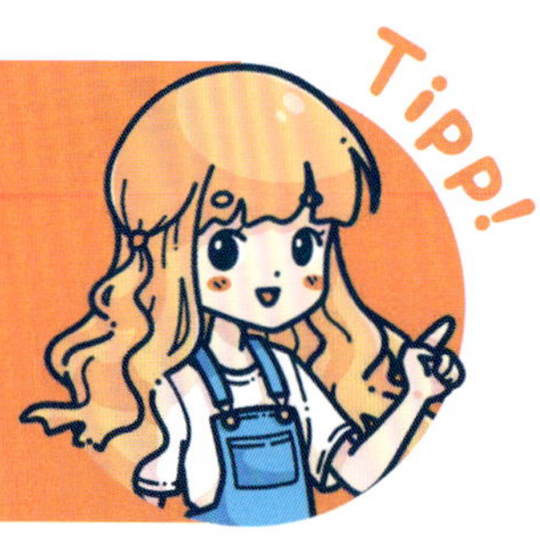

Schritt 2: Nähte einzeichnen

Als nächstes kannst du die Nähte der Kleidung einzeichnen. Schau dir dazu am besten reale Outfits an, damit du weißt, an welchen Stellen sich diese befinden.

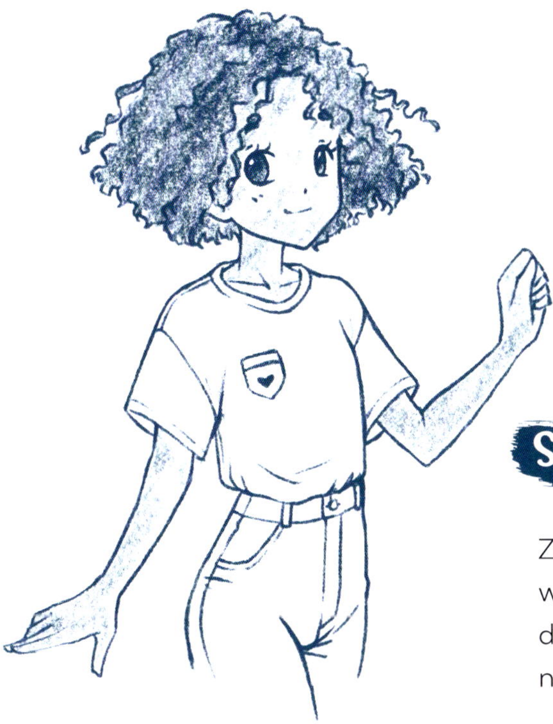

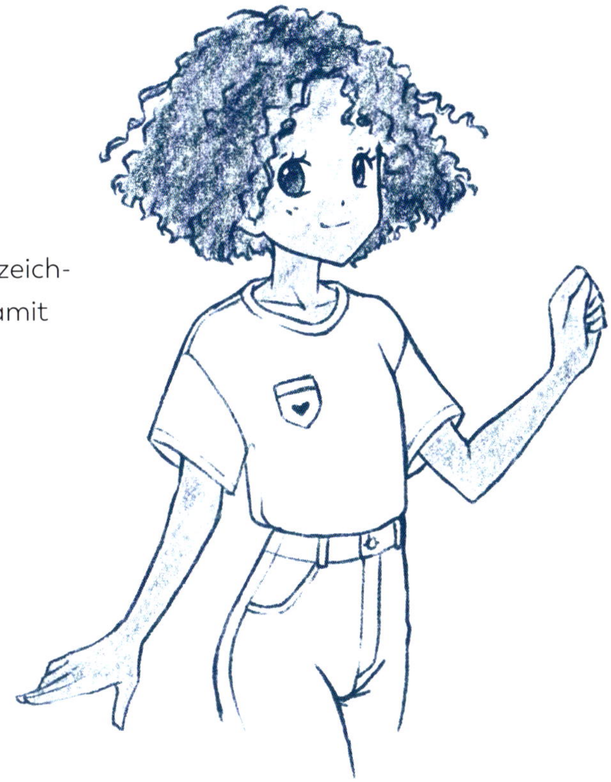

Schritt 3: Falten hinzufügen

Zum Schluss kannst du noch dort Falten einzeichnen, wo der Stoff stark gerafft ist, hier zum Beispiel unter den Armen und am Hosenbund. Übertreibe es aber nicht: Weniger ist oft mehr!

HÄUFIGE FEHLER

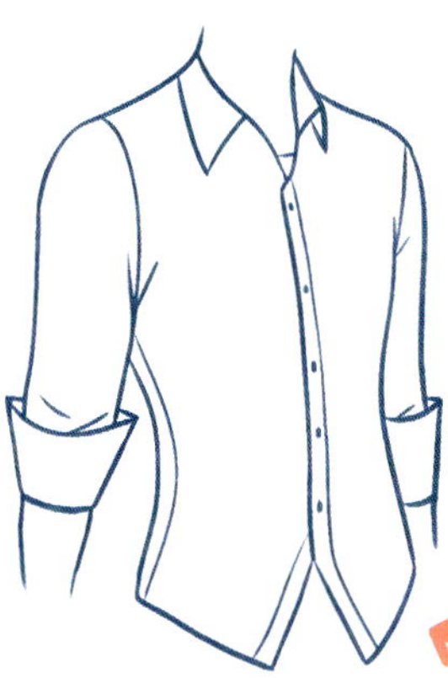

Der Kleidung fehlt es an Plastizität. Stoffe haben Volumen und liegen fast nie hauteng am Körper an.

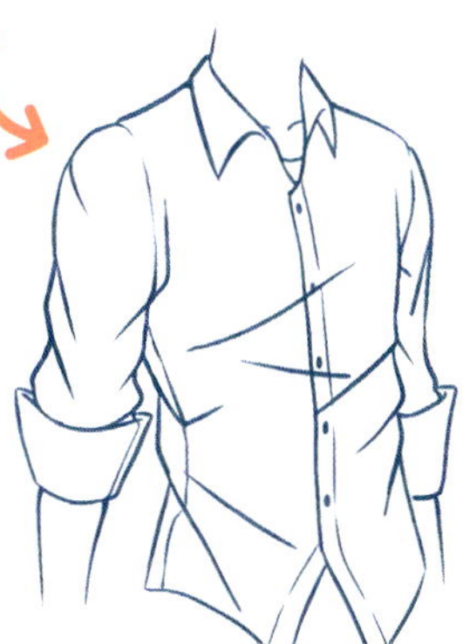

Die eingezeichneten Falten ergeben keinen Sinn. Überlege dir genau, wo eigentlich Falten in der Kleidung entstehen.

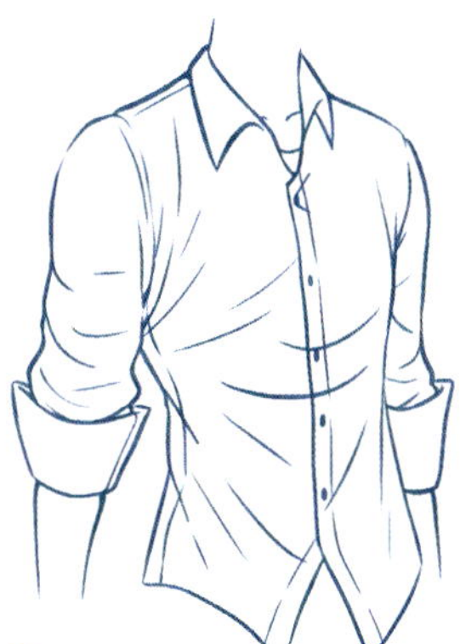

Zu viele Falten. Am Anfang tendiert man gern dazu, es mit dem Faltenwurf etwas zu übertreiben, was im Endeffekt aber nicht überzeugend aussieht.

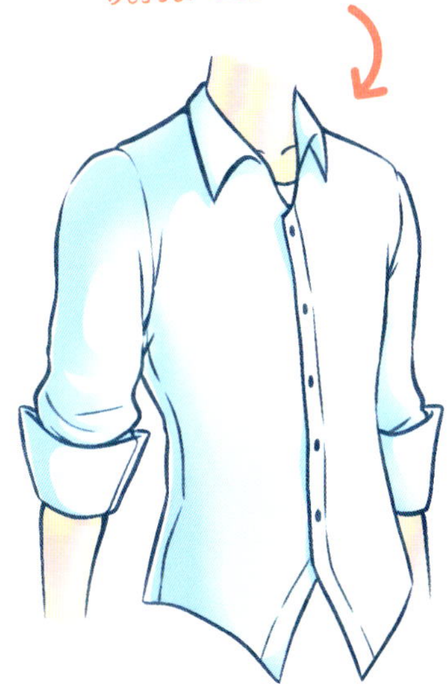

So sieht es schon besser aus!

OUTLINES UND SCHRAFFUREN

OUTLINES

Unter Outlines versteht man die oft schwarzen Konturen, die für den Manga-Stil sehr typisch sind. Deine Outlines kannst du entweder direkt über deine Skizze zeichnen und dann die Bleistiftlinien wegradieren, oder du kannst deine Skizze auf ein neues Blatt durchpausen. Das macht vor allem dann Sinn, wenn du deine Zeichnung noch kolorieren und dafür spezielles Papier benutzen möchtest.

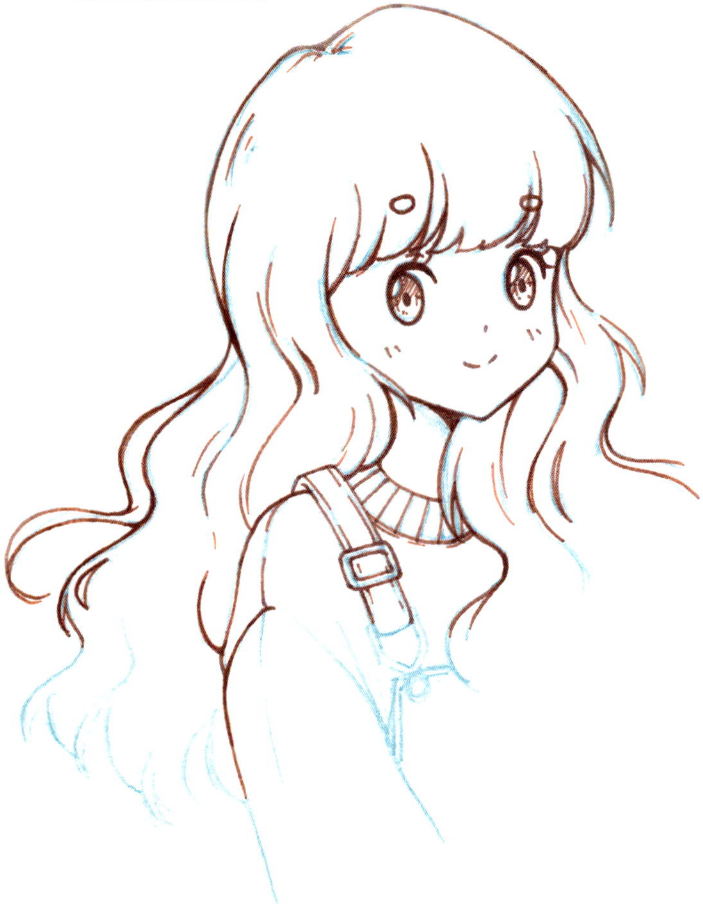

OUTLINES ZIEHEN

Zum Ziehen von Outlines eignen sich Tusche und Feder, Brush Pens oder Fineliner. Für den Anfang sind letztere am einfachsten in der Handhabung, weshalb du perfekt mit dem Sakura Pigma Micron starten kannst, der dieser Mappe beiliegt. Fahre damit die Konturen deiner Skizze nach – am besten in klaren, durchgehenden Linien und ohne zu oft abzusetzen. Das braucht etwas Übung, aber mit der Zeit bekommst du den Dreh raus!

Wenn du feststellst, dass dein Bild nach dem Ziehen der Outlines nicht mehr so dynamisch oder „richtig" wirkt wie die Skizze, liegt das vermutlich daran, dass deine Skizze aus mehreren Linien bestand. Unser Auge sucht sich bei einer Skizze automatisch die passenden Linien raus, daher musst du bei den Konturen genau überlegen, welche Linie du nachzeichnest.

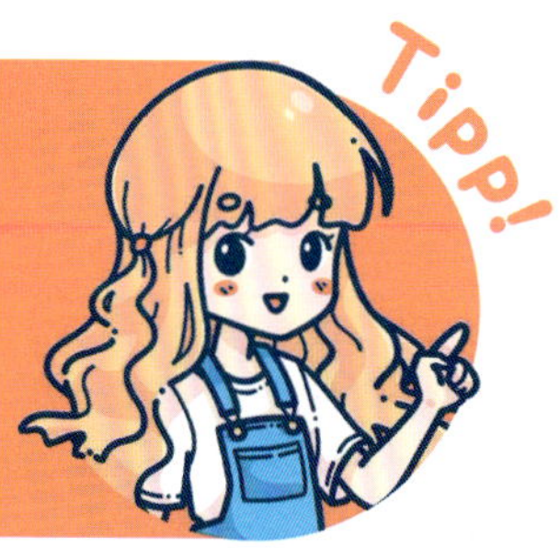

DYNAMISCHE OUTLINES

Outlines wirken dynamischer, wenn du die Dicke der Linien, also die Linienstärke, etwas variierst. Während das bei Feder und Tusche oder Brush Pens über den Druck funktioniert, den du auf dein Zeichenwerkzeug ausübst, kannst du mit deinem Fineliner einfach eine Stelle mehrmals nachziehen.

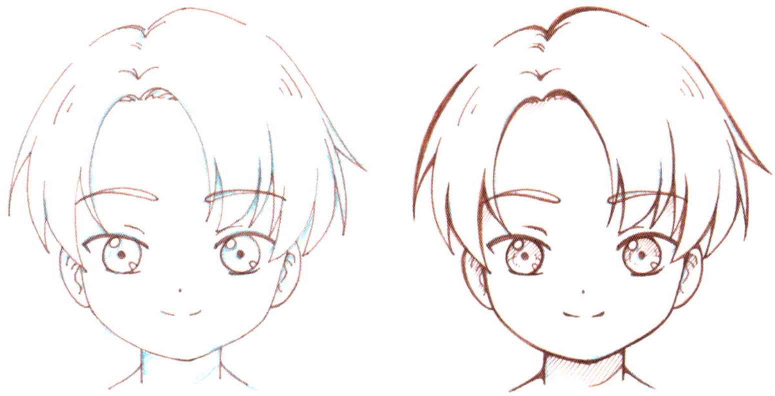

TIPPS FÜR BESSERE OUTLINES

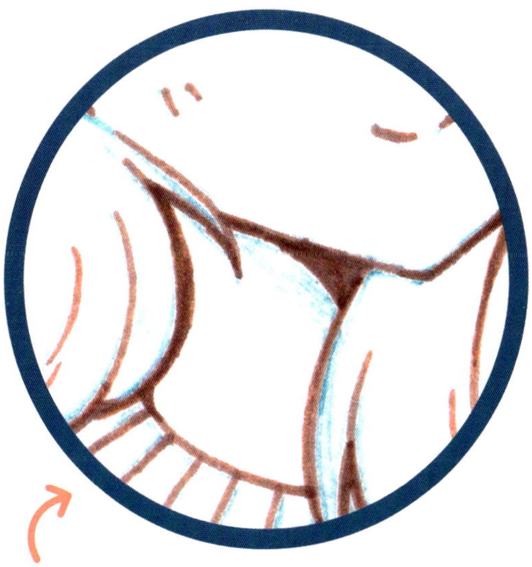

Verstärke die Linien dort, wo mehrere Linien aufeinandertreffen oder wo sich Schatten befinden.

Kurven bieten sich an, um dort die Linie mehrmals nachzufahren.

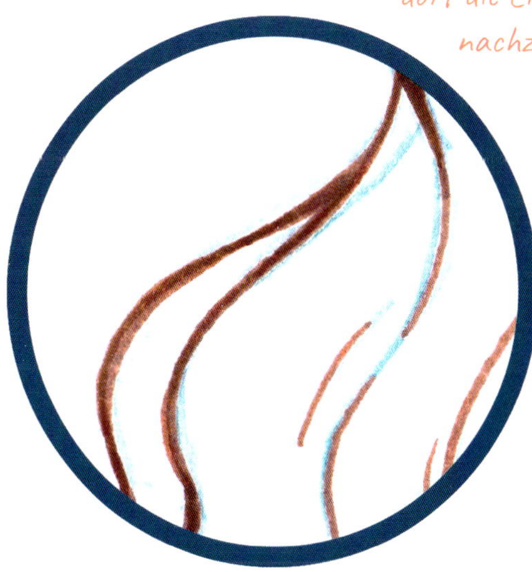

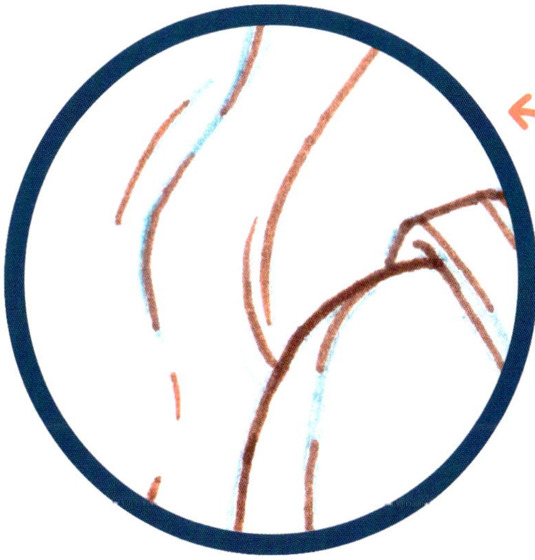

Bei zarten Materialien wie Haaren oder dünnen Stoffen sieht es gut aus, wenn du die Linien nicht ganz durchziehst, sondern zwischendurch unterbrichst.

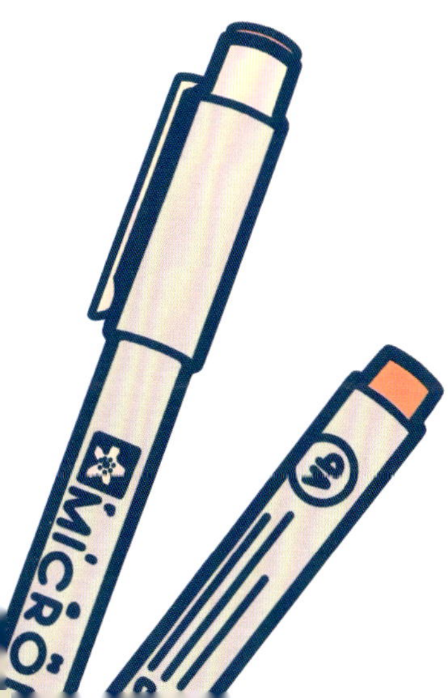

SCHRAFFUREN

Für Skizzen oder einfarbige Zeichnungen werden im Manga-Stil oft Schraffuren genutzt, entweder um Schattenbereiche darzustellen oder Flächen eine Textur zu geben. Du kannst dafür deinen Bleistift oder Fineliner benutzen, aber auch beim Kolorieren mit Buntstiften ist diese Technik hilfreich.

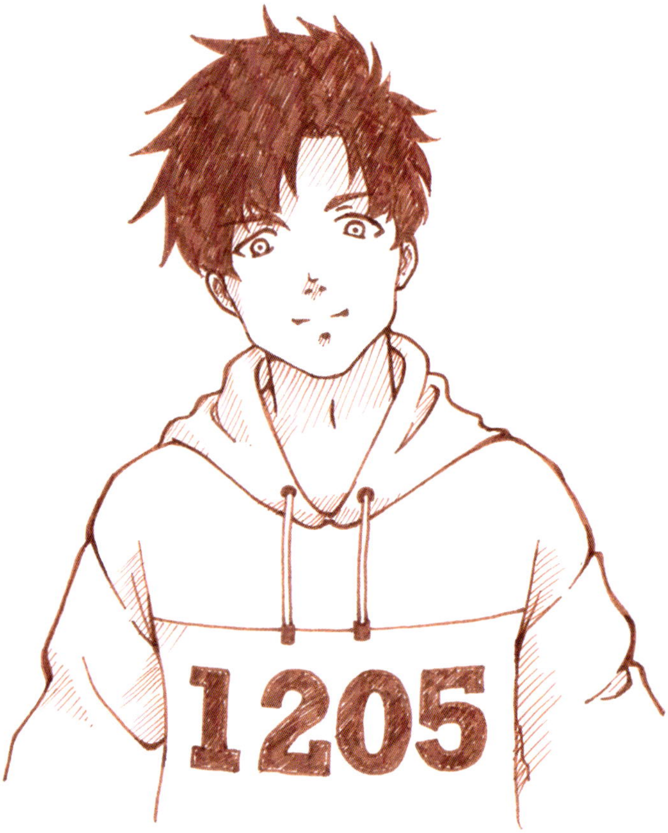

EINFACHE SCHRAFFUR

Eine Fläche schraffierst du, indem du viele parallel verlaufende Linien schräg über eine Fläche legst. Damit die Linien möglichst gerade werden und keine Kurve bekommen, versuche am besten, dein Handgelenk still zu halten und die Bewegung aus dem Arm kommen zu lassen. Ziehe die Linien schnell und mit möglichst viel Schwung, damit sie dynamisch aussehen.

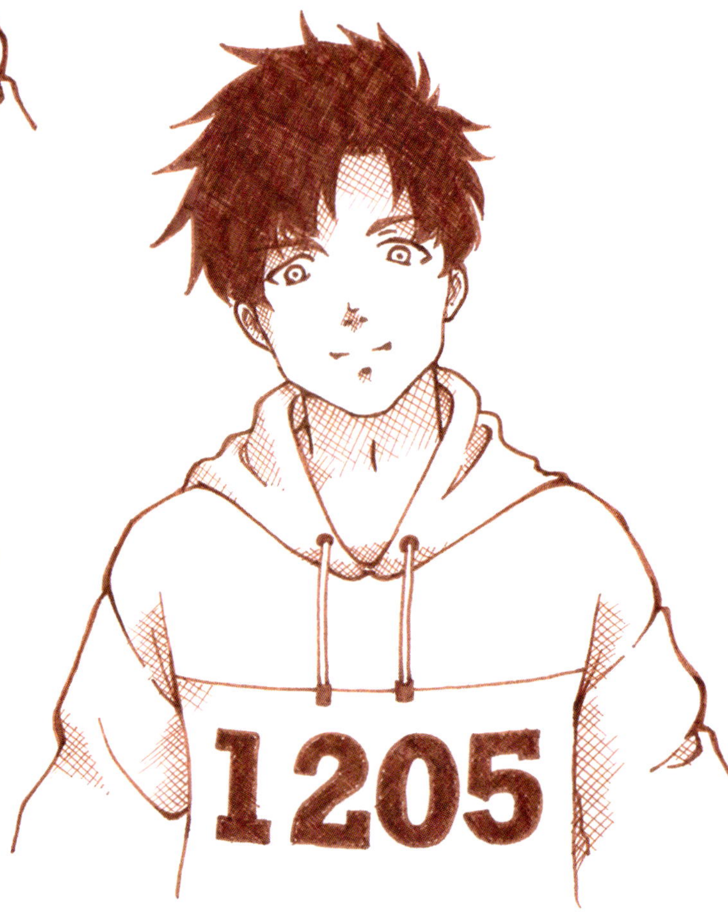

KREUZSCHRAFFUR

Eine Kreuzschraffur erhältst du, wenn du eine zweite Schraffur im rechten Winkel über die erste schraffierte Fläche legst. Du kannst sie einsetzen, um einige Bereiche noch dunkler zu gestalten, aber trotzdem den Look einer Schraffur beizubehalten.

VERLÄUFE DARSTELLEN

Um einen Verlauf von Hell nach Dunkel zu erzeugen, drückst du am Anfang etwas stärker auf und legst die Linien dichter aneinander, sodass sie sich fast berühren. Nach und nach vergrößerst du dann den Abstand und nimmst den Druck weg, um so einen schönen Übergang zu erschaffen.

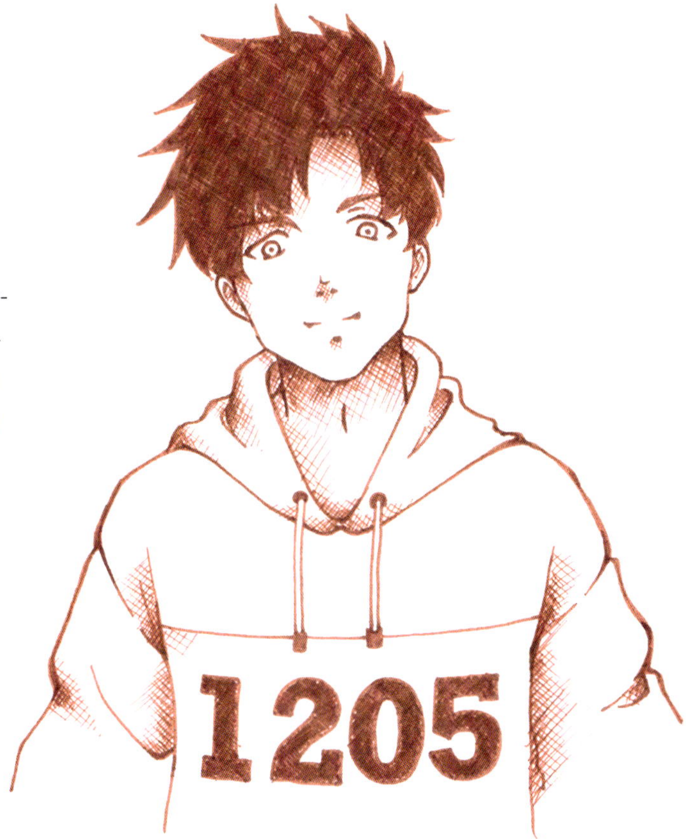

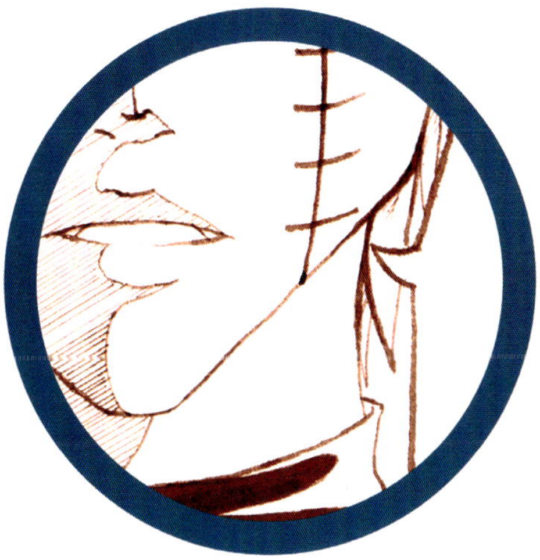

SCHATTEN EINZEICHNEN

Wenn du mit Schraffuren Schatten einzeichnest, kannst du auch noch die Konturen der Schatten leicht andeuten.

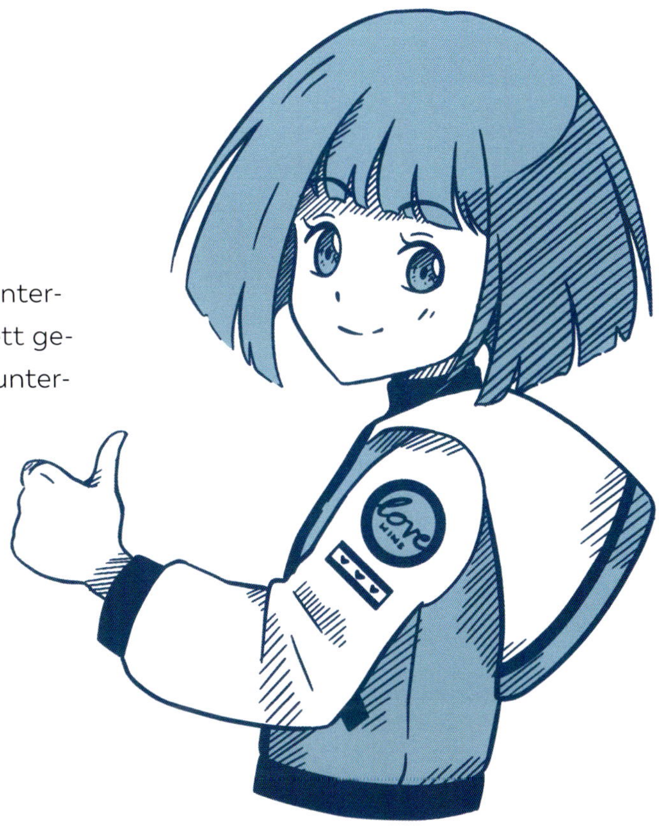

MIT KONTRASTEN ARBEITEN

Wenn du einfarbig arbeitest, eignen sich unterschiedlich dunkle Schraffuren oder komplett gefüllten Flächen gut dafür, Kontraste, also unterschiedliche Helligkeitsstufen, zu erzeugen. Für ein ausgewogenes Bild sind solche Kontraste wichtig, da sie dabei helfen, den Blick zu lenken und ein stimmiges Gesamtbild zu erschaffen.

MIT FARBEN ARBEITEN

Farben sind ein sehr komplexes Thema, daher wird es an dieser Stelle etwas theoretisch. Aber keine Sorge, einiges davon hast du vielleicht sogar schon einmal gehört – zusammen mit dem folgenden Wissen wird es dir helfen, deinen Bildern eine harmonische Stimmung zu verleihen.

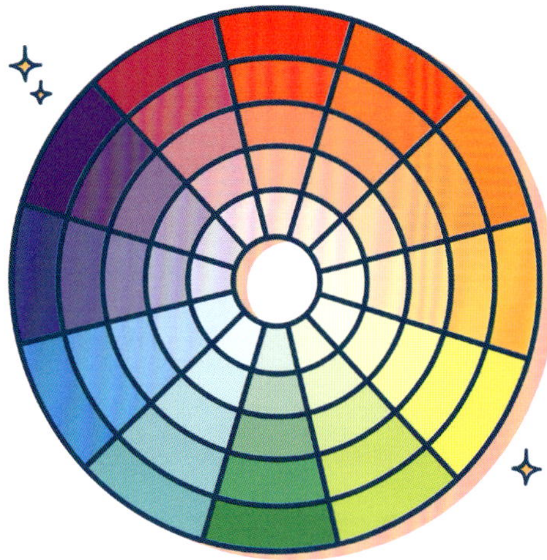

DER FARBKREIS

Ein Farbkreis ist ein Ordnungssystem, das es ermöglicht, Farben im Kontext zu anderen Farben zu sehen. Es gibt verschiedene Modelle, dieser hier besteht aus 12 Farbtönen.

Am wichtigsten sind die drei Primärfarben Rot, Gelb und Blau. Mischt man zwei von ihnen zu gleichen Teilen, erhält man Orange, Grün und Violett, die sogenannten Sekundärfarben. Ein erneutes Mischen der Sekundärfarbe mit der benachbarten Primärfarbe ergibt die Tertiärfarben: Gelborange, Orangerot, Rotviolett, Violettblau, Blaugrün und Grüngelb.

primär

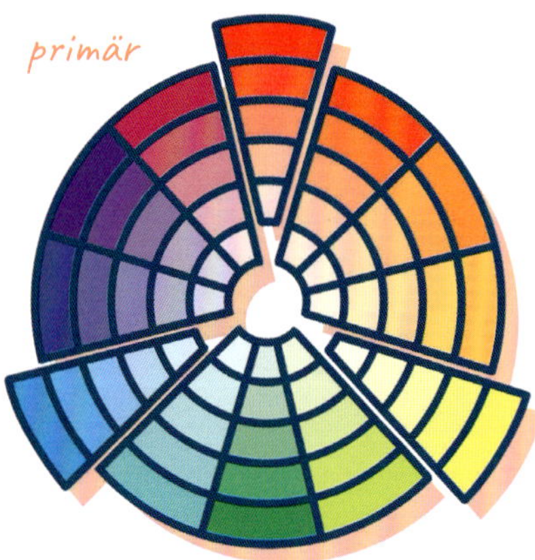

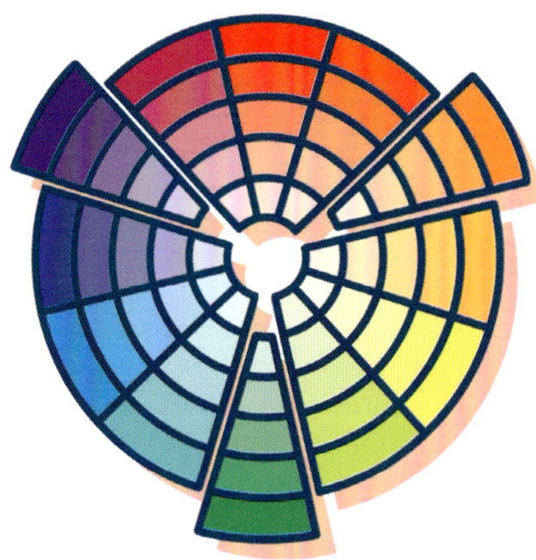

sekundär

tertiär

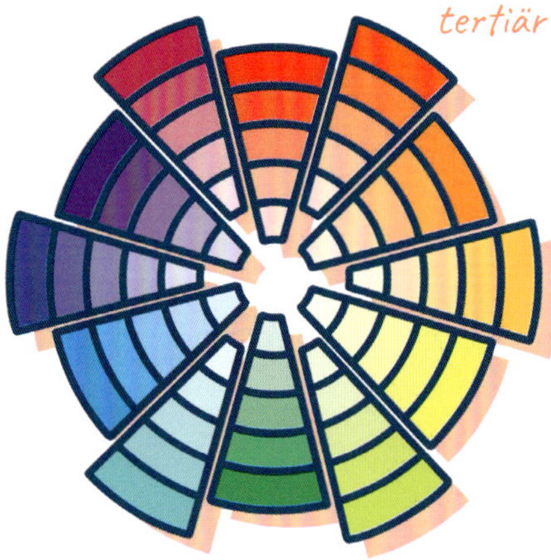

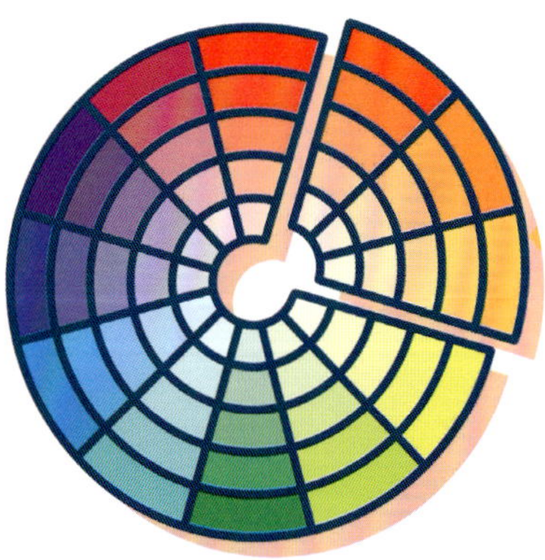

DIE FARBAUSWAHL

Der Farbkreis kann dich dabei unterstützen, eine gute Farbauswahl für dein Bild zu treffen. Meistens wirkt es harmonischer, wenn du dich auf eine Auswahl an Farben beschränkst. Gut geeignet sind hier drei Farben, die im Farbkreis dicht beieinanderliegen, beispielsweise Rot, Orange und Gelb.

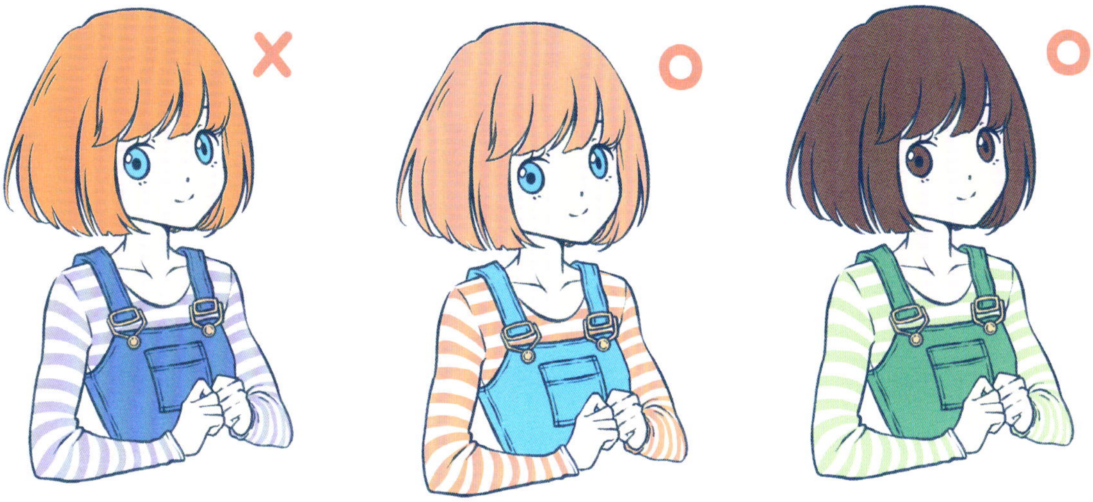

FARBIGE KONTRASTE

Wenn du farbige Akzente setzen möchtest, kannst du auf die sogenannten Komplementärfarben zurückgreifen. Das sind die Farben, die sich im Farbkreis direkt gegenüberliegen, also Rot und Grün, Blau und Orange sowie Gelb und Violett. Sie bilden besonders schöne Kontraste, die du am besten zur Geltung bringst, wenn du einen Farbton großflächig und den anderen für Details einsetzt.

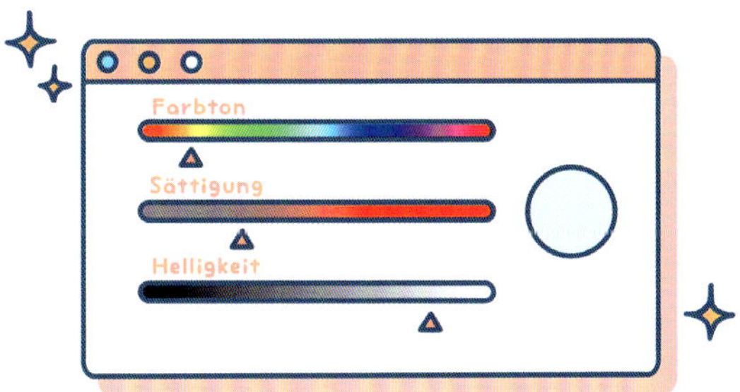

FARBTON, HELLIGKEIT UND SÄTTIGUNG

Bestimmt ist dir auch schon aufgefallen, dass es nicht nur einen Rotton gibt, sondern viele verschiedene. Damit Farben besser zueinanderpassen, kannst du sie in Farbton, Helligkeit und Sättigung einander anpassen. Digital funktioniert das sehr einfach, aber auch bei traditionellen Malmedien kannst du diese Werte über das Mischen von Farben oder den ausgeübten Druck beim Zeichnen beeinflussen.

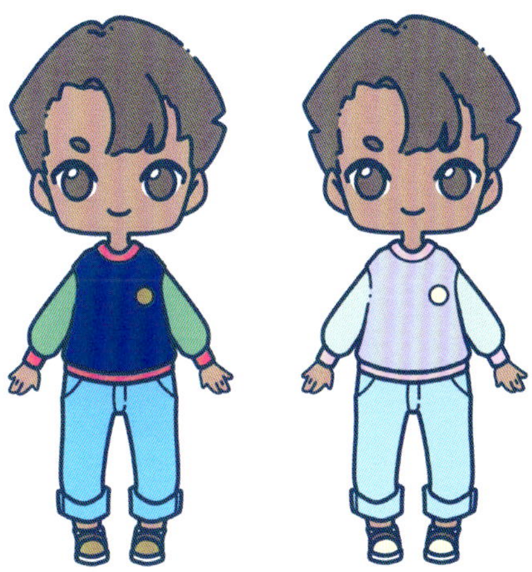

Farben harmonieren zum Teil besser miteinander, wenn du ihre Sättigung, also die Farbintensität, verringerst oder sie heller machst. Deshalb funktionieren auch Pastelltöne so gut zusammen.

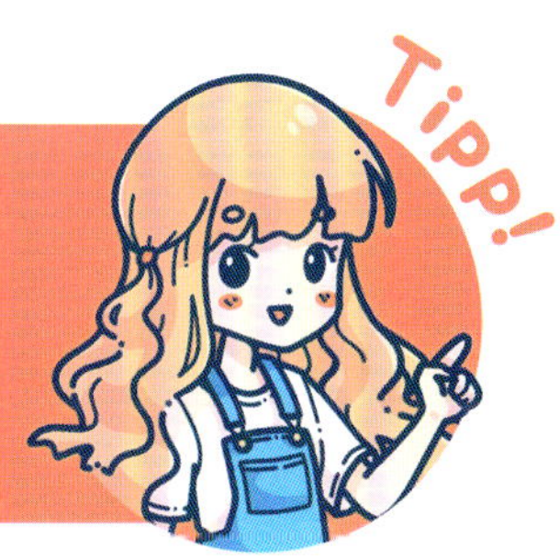

Wenn du Farben traditionell mischen möchtest, solltest du dich an einem Farbkreis mit den Primärfarben Cyan, Magenta und Gelb orientieren. Beim digitalen Arbeiten basiert der Farbkreis hingegen auf Rot, Grün und Blau, aber die Prinzipien der Farbwahl bleiben gleich!

LICHT UND SCHATTEN

Wenn du eine Zeichnung kolorierst oder auch nur schraffierst, solltest du dir Gedanken über die Verteilung von Licht und Schatten machen. Überlege also zuerst, wo sich deine Lichtquelle befindet. Das können eine oder mehrere Lampen sein, aber auch natürliche Lichtquellen wie die Sonne. Je weiter entfernt die Lichtquelle, desto weicher werden die Schatten.

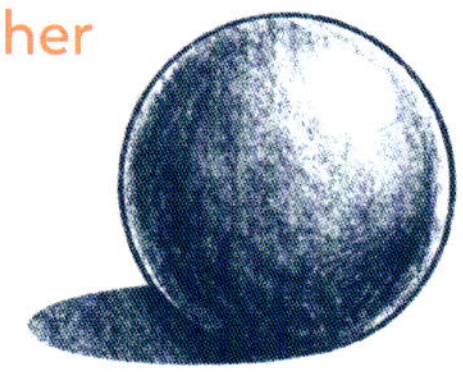

WEICHE UND HARTE SCHATTEN

Für Manga-Figuren eignet sich am besten eine Mischung aus harten und weichen Schatten. Harte Schatten befinden sich da, wo das Licht direkt von einem anderen Objekt abgefangen wird, während weiche Schatten dort entstehen, wo die Lichtquelle weiter entfernt ist.

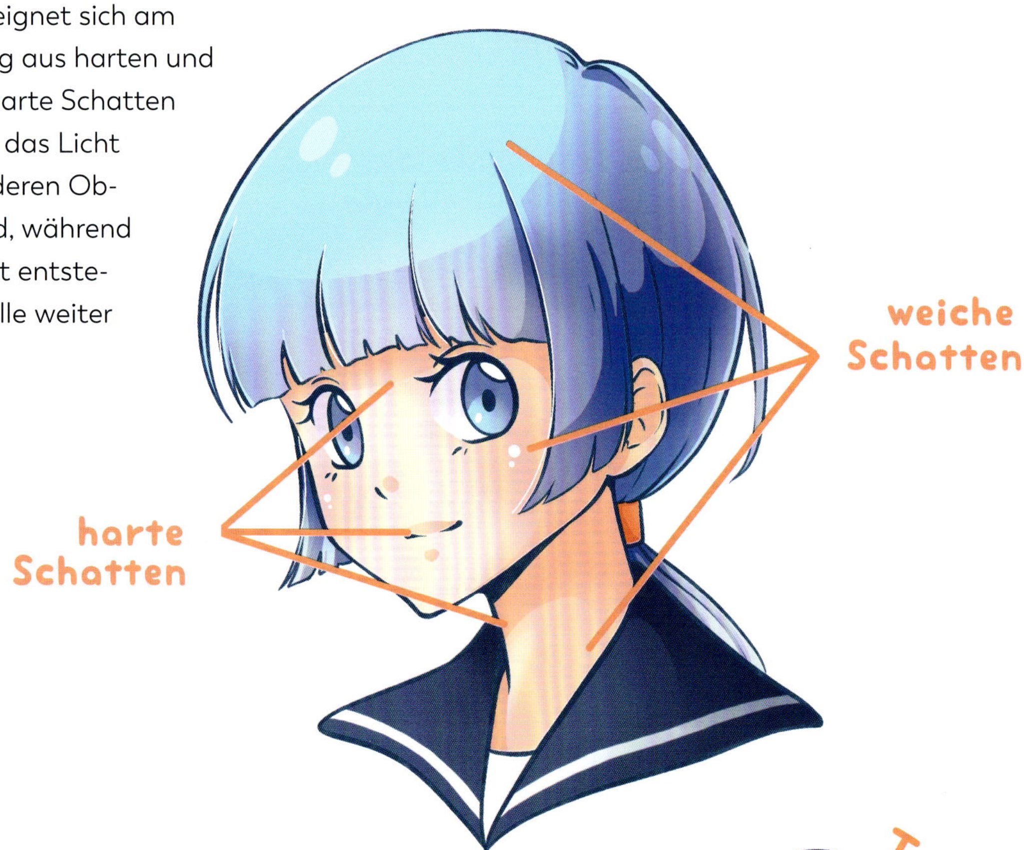

Am Anfang kann es hilfreich sein, wenn du dir die Lichtquelle in deinen Zeichnungen markierst, damit du nicht vergisst, an sie zu denken.

ATMOSPHÄRE DURCH SCHATTEN

Abhängig davon, wo sich die Lichtquelle befindet, kannst du über die Platzierung der Schatten gut die Stimmung deines Bildes beeinflussen.

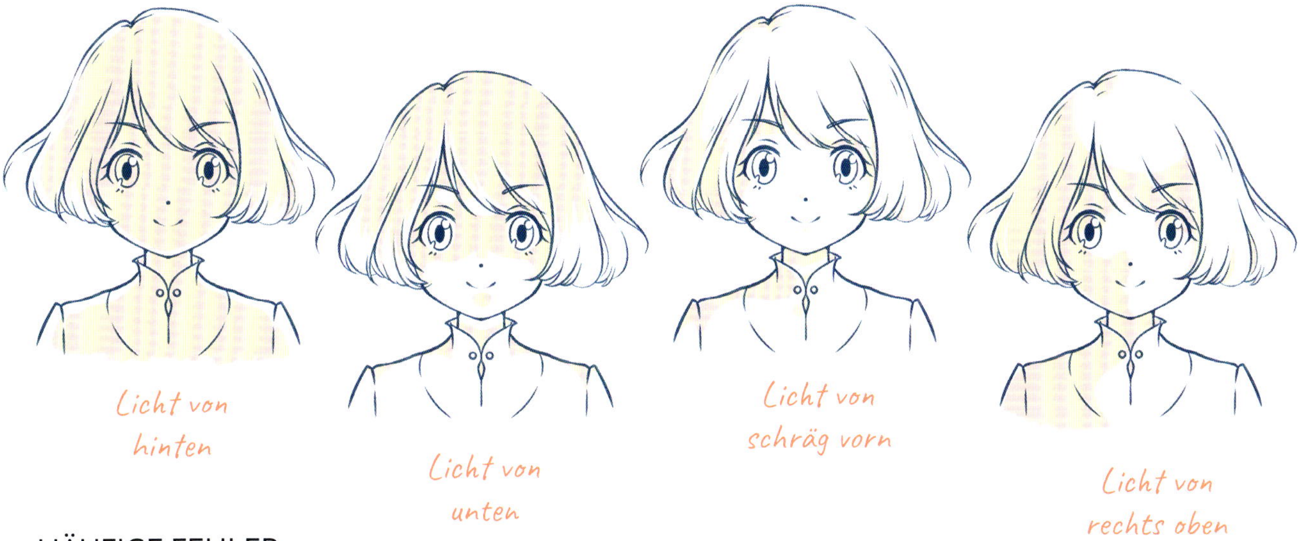

HÄUFIGE FEHLER

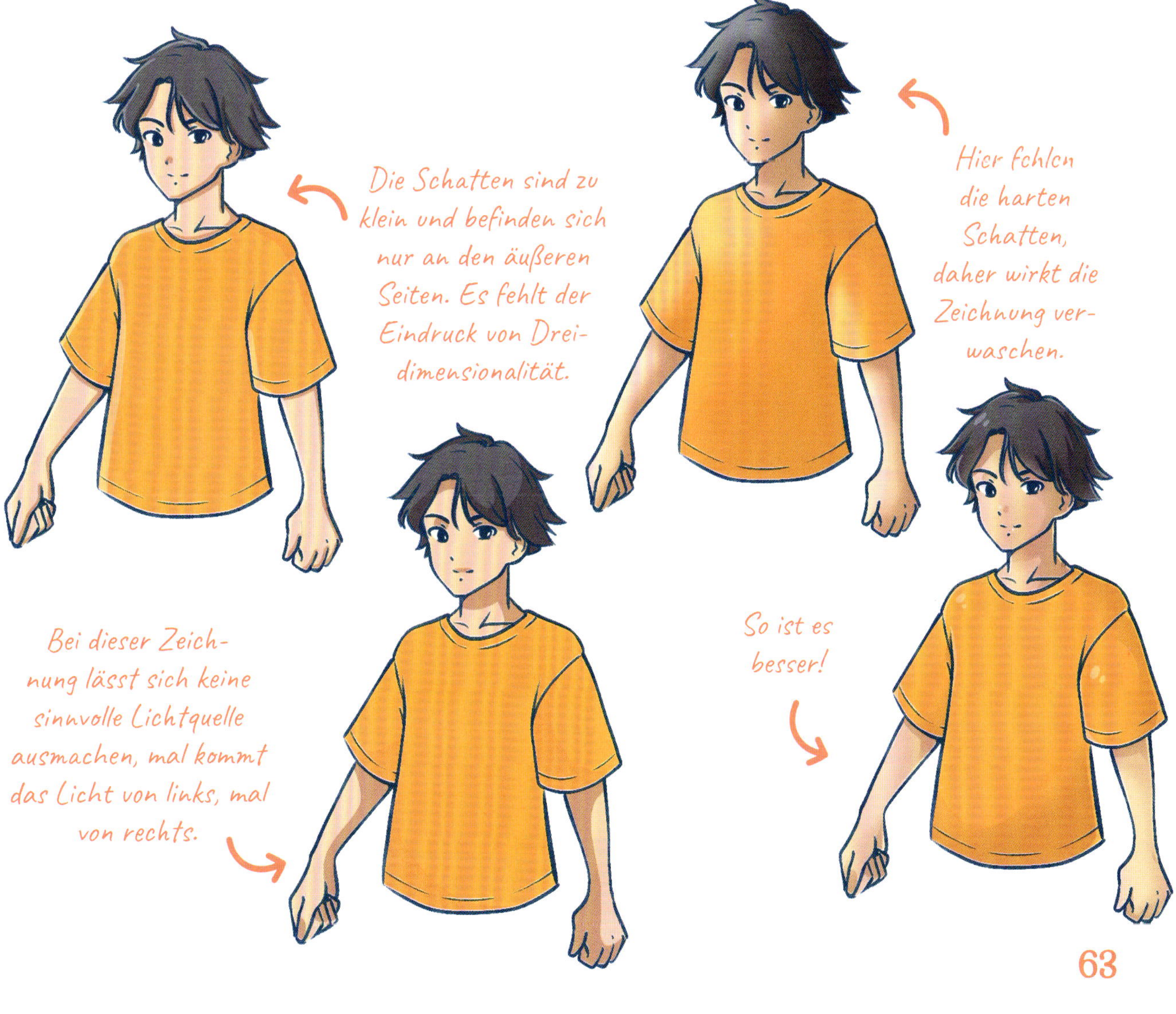

IMPRESSUM

Wir bedanken uns bei Royal Talens für die freundliche Unterstützung.

Illustrationen und Texte: Chiana
Produktmanagement: Seline Gwinn
Lektorat: Betz Lektorat + Redaktion, Tübingen
Cover und Layout: Tatjana Weiß
Herstellung: Katrin Röhlig
Satz: DSR Werbeagentur Rypka GmbH, Dobl/Graz, www.rypka.at
Druck und Bindung: Tiskárna Grafico s.r.o.

2. Auflage 2023

ISBN: 978-3-7358-8050-5 • Best.-Nr. 28050

FSC www.fsc.org
MIX
Paper | Supporting responsible forestry
FSC® C187910

Penguin Random House Verlagsgruppe FSC® N001967

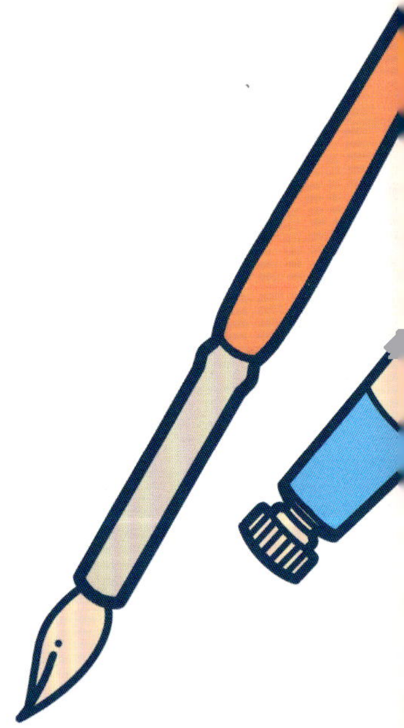

WILLKOMMEN!

Wenn man vor einer neuen Aufgabe steht, ist oft der Anfang das Schwerste. Man weiß nicht so richtig, wo man beginnen soll und welche Herangehensweise sich gut eignet. Dieses Übungsheft bietet dir daher einen leichten Einstieg in das Zeichnen im Manga-Stil und führt dich mit jeder Menge kleiner Aufgaben und Challenges an das Thema heran.

Du kannst direkt im Heft starten und dir aussuchen, wann du welche Aufgabe zeichnen möchtest – die Reihenfolge ist dabei nicht so wichtig. Hauptsache, du hast Spaß dabei und kannst gleichzeitig auch noch deine Fähigkeiten verbessern. Also, schnapp dir deine Stifte und leg' direkt los. Ich wünsche dir ganz viel Freude mit deinem Manga-Workshop!

Deine Chiana ♡

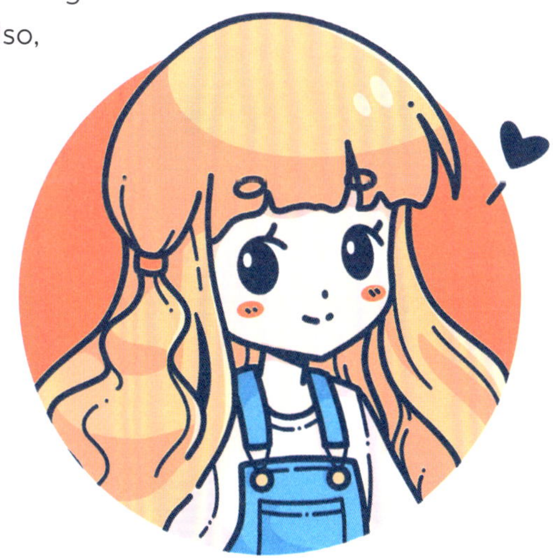

ZUM AUFWÄRMEN

Fangen wir erst einmal ganz einfach an und tasten uns langsam ans Zeichnen heran. Das ist vor allem hilfreich, wenn du noch nicht so vertraut mit dem Thema bist. Aber auch, wenn du schon Erfahrung hast, eignen sich diese Seiten gut als Übung zum Aufwärmen.

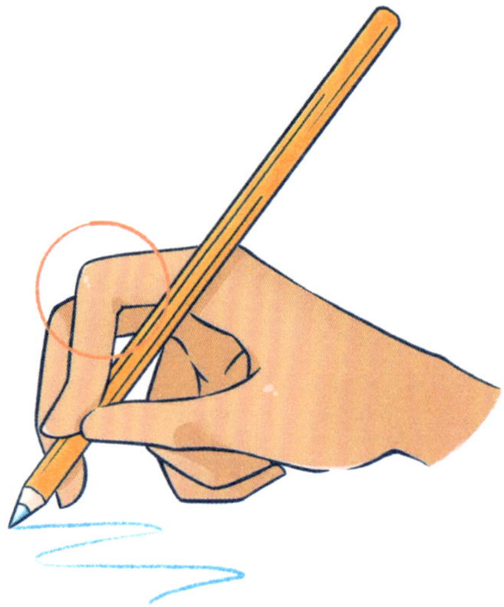

Die richtige Handhaltung

Beim Zeichnen hast du verschiedene Möglichkeiten, deinen Stift zu halten. Wahrscheinlich bist du an die Schreibhaltung gewohnt, bei der du den Stift relativ weit vorn anfasst. Diese Haltung eignet sich gut für kleine Details, weil du hier sehr präzise arbeiten kannst.

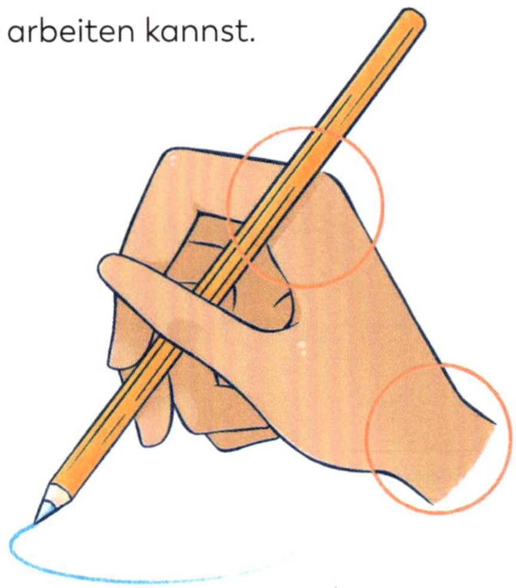

Zum Skizzieren ist es aber oft besser, den Stift weiter hinten zu halten, sodass deine Bewegungen eher aus den Fingern oder sogar aus der ganzen Hand kommen. Auf diese Weise lassen sich besser längere und dynamische Linien ziehen.

Probiere die verschiedenen Handhaltungen direkt einmal aus und zeichne ein paar Linien, Kreise oder andere Formen! Wenn du den Stift lieber anders hältst, ist das natürlich auch okay.

Druck und Linienführung

Als nächstes schauen wir uns an, wie man mit einem Bleistift am besten skizziert. Dafür ist es zu Anfang am besten, wenn du nicht versuchst, alle Linien gleich in einem Stück zu ziehen, sondern mit mehreren Strichen nach und nach die „richtige“ Linie zu finden.

Drücke dabei mit deinem Stift vor allem am Anfang nicht zu stark auf, damit du die Linien noch gut wieder wegradieren kannst. Wenn du dir sicher bist, wo die richtige Linie sitzen soll, kannst du an dieser Stelle auch stärker aufdrücken.

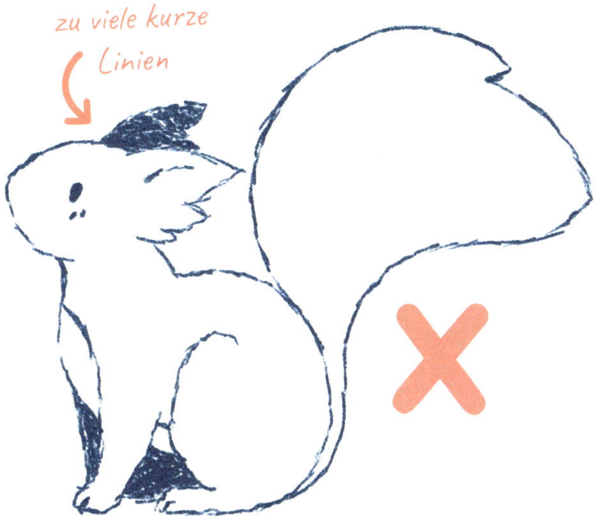

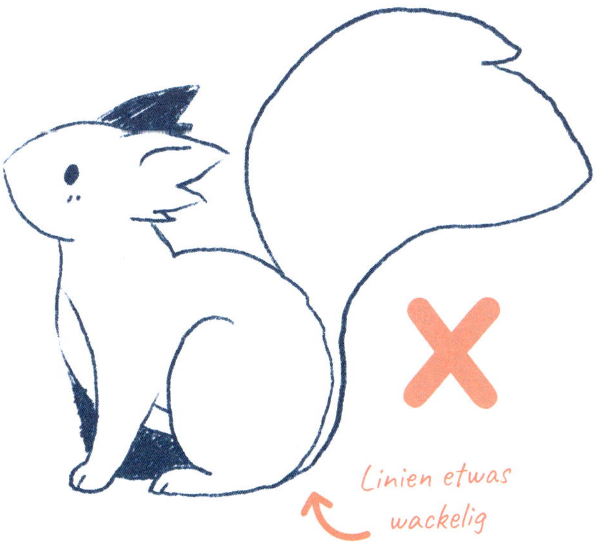

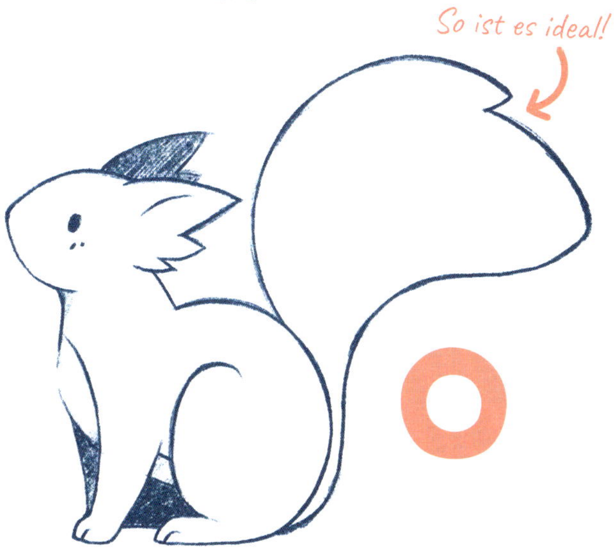

Je sicherer du nach und nach beim Zeichnen wirst, desto weniger Linien wirst du brauchen und irgendwann Formen auch direkt „perfekt“ zeichnen können. Das braucht aber etwas Zeit und Übung, also lass dich nicht verunsichern, wenn du irgendwo hörst, dass man nicht mit mehreren Linien skizzieren sollte :)

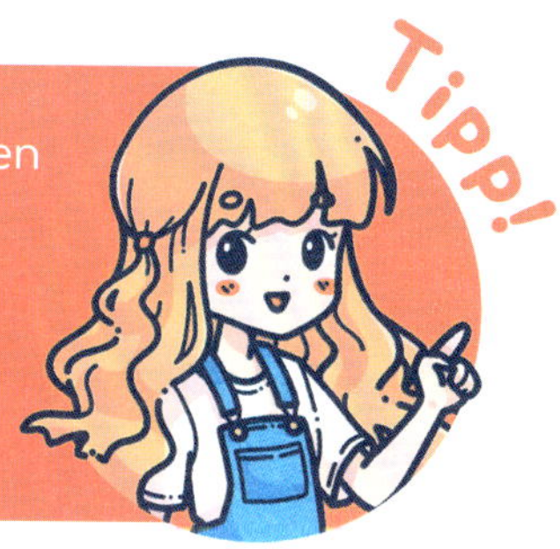

Probier's aus!

Hier kannst du als Übung zum Aufwärmen ein Muster aus Kreisen, Dreiecken, Quadraten, Kreuzen und anderen einfachen Formen deiner Wahl in den Hintergrund zeichnen. Solche einfachen Formen eigenen sich immer gut, wenn du keine Lust darauf hast, einen aufwendigen Hintergrund zu gestalten!

Hier kannst du auch Outlines ziehen!

SCHRAFFUREN

Jetzt üben wir das Schraffieren. Schau dazu noch einmal im Anleitungsbuch auf den Seiten 58/59 nach, um eine Übersicht über die verschiedenen Schraffurarten zu bekommen. Los geht's!

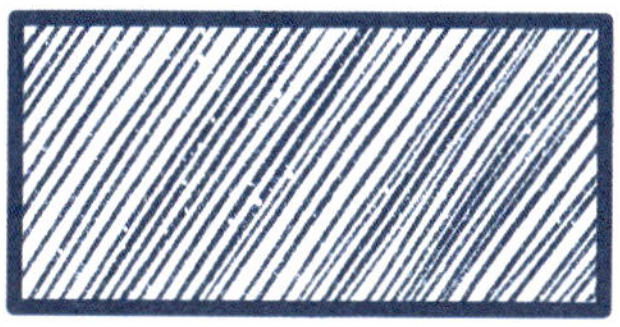

Einfache Schraffur

Hier findest du ein paar Formen, die du schraffieren kannst. Versuche dabei, gleichmäßige Linien zu ziehen und nicht über den Rand der Form zu zeichnen.

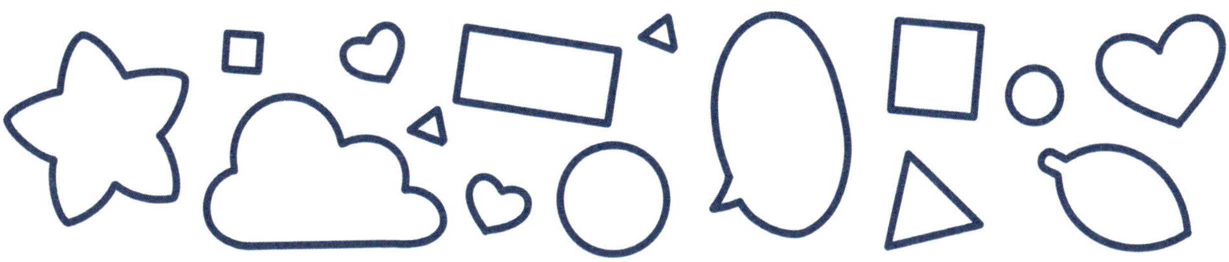

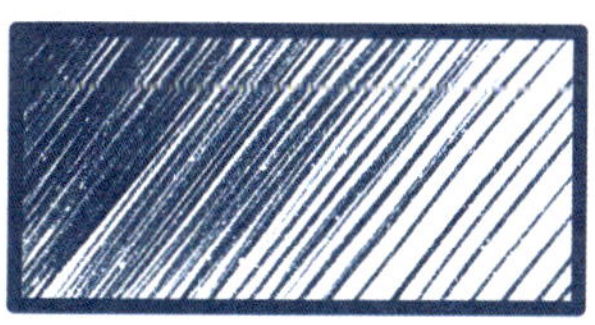

Schraffur mit Verlauf

Jetzt das Ganze noch einmal, aber in diesen Formen kannst du zusätzlich noch einen Verlauf von Dunkel zu Hell einarbeiten.

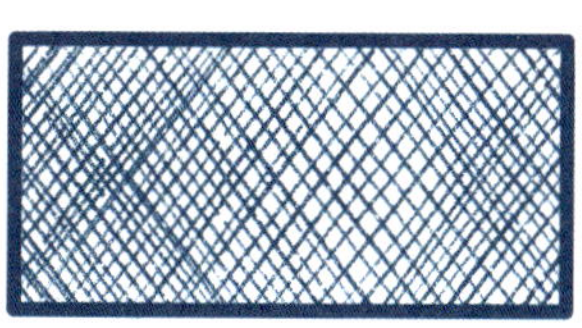

Kreuzschraffur

Als nächstes kannst du dich hier an einer Kreuzschraffur probieren.

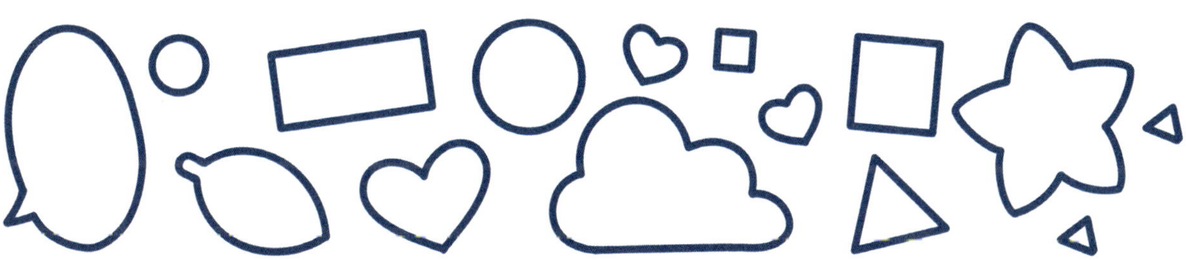

Weitere Schraffuren

In Manga werden häufig verschiedene Arten von Schraffuren eingesetzt, um Hintergründe oder Effekte darzustellen. Hier findest du ein paar Beispiele und daneben freie Flächen, in denen du versuchen kannst, sie selbst zu zeichnen.

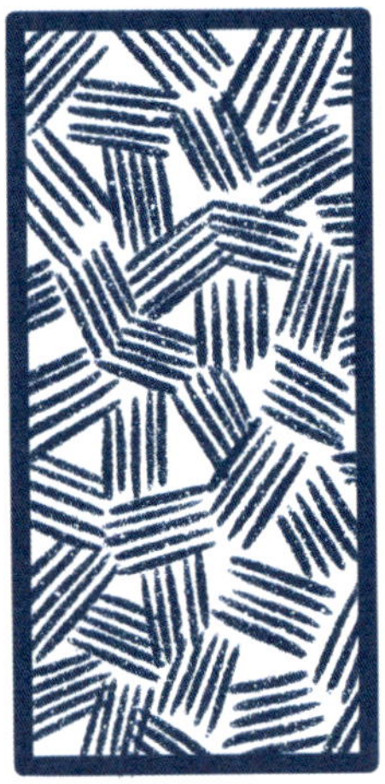

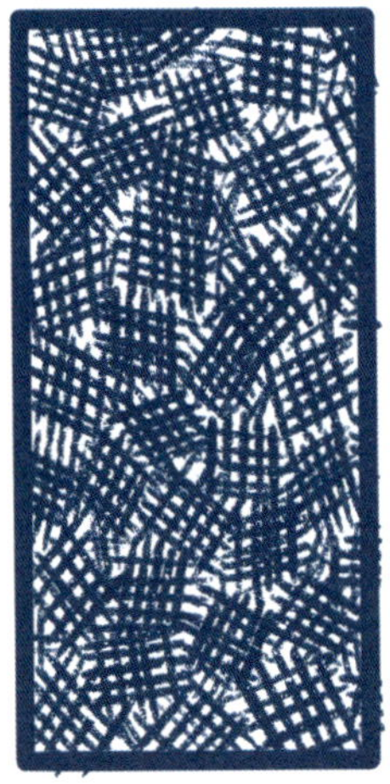

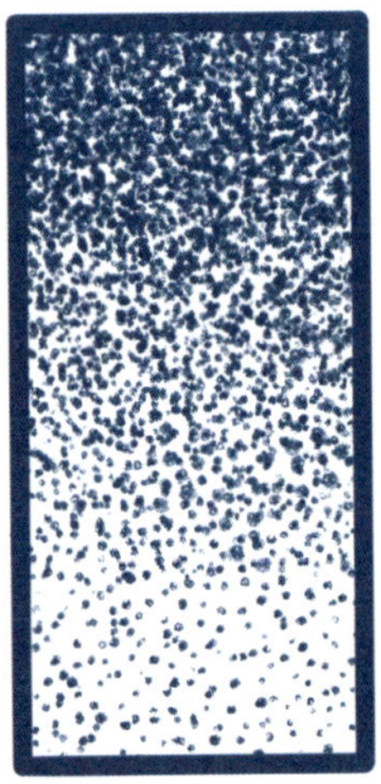

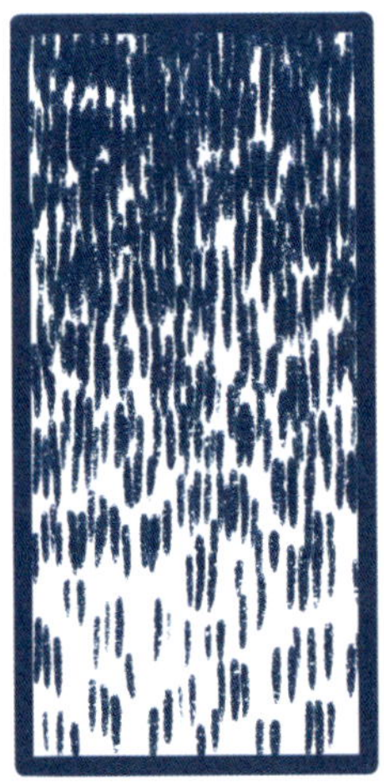

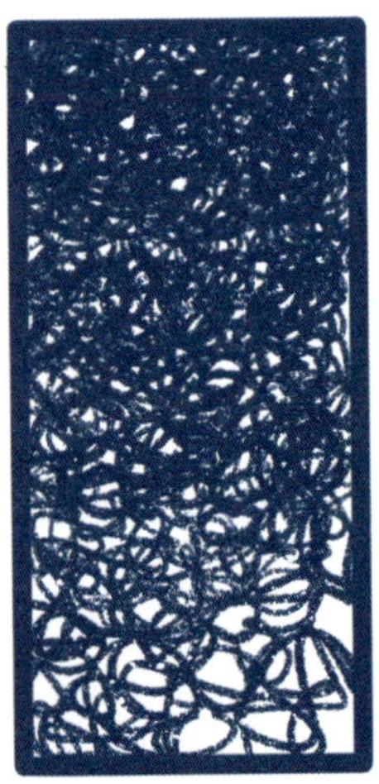

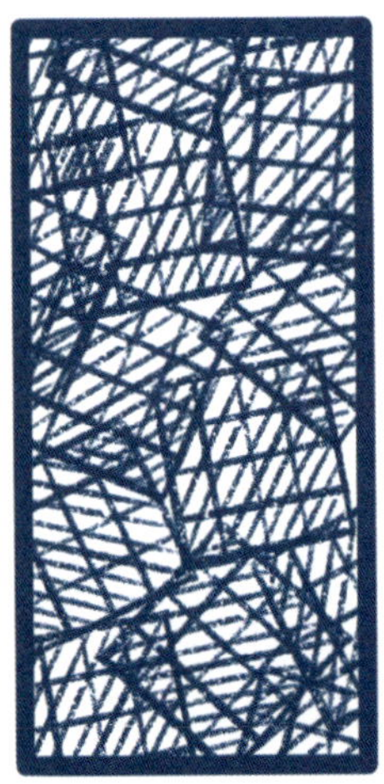

Probier's aus!

Hier kannst du jetzt versuchen, eine Zeichnung komplett mit Schraffuren zu erschaffen und die gelernten Techniken anzuwenden. Überlege dir auch, wie du den Hintergrund der Zeichnung mit Schraffuren gestalten könntest!

OUTLINES

Zeit, um deinen Fineliner zu zücken, der deinem Workshop beiliegt! Jetzt geht es um die Outlines. Auf Seite 56/57 im Anleitungsbuch findest du noch weitere Tipps, wir beginnen aber zunächst mit ganz leichten Aufwärmübungen.

Zum Starten

Unten findest du ein paar Linien und Formen, die du mit dem Fineliner nachziehen kannst. Versuche dabei, die Linien so gut wie möglich zu treffen und möglichst selten abzusetzen.

Linienstärke variieren

Jetzt wird es etwas schwieriger: Wir üben, die Linienstärke zu verändern. Probiere als erstes aus, die Druckstärke auf deinen Stift zu variieren: Ziehe die folgenden Linien nach und drücke auf dem Weg nach oben nur ganz leicht auf, auf dem Weg nach unten deutlich stärker.

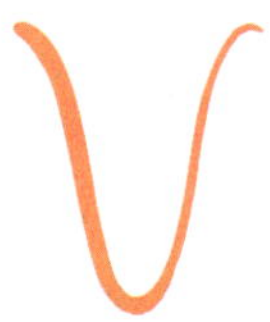

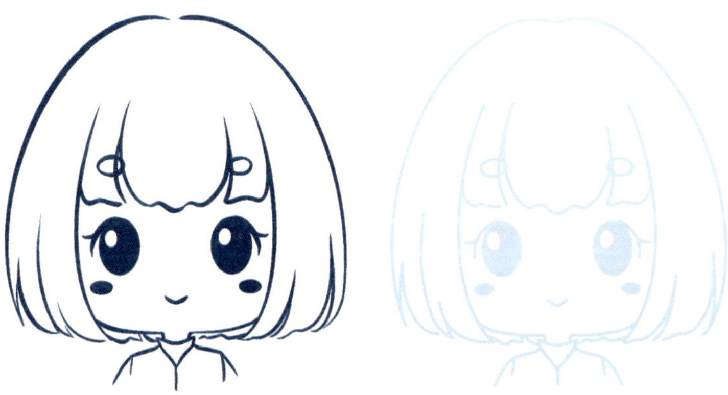

Um noch mehr Variationen in der Linienstärke zu erzeugen, kannst du auch einige Bereiche doppelt nachfahren. Das kannst du hier ausprobieren.

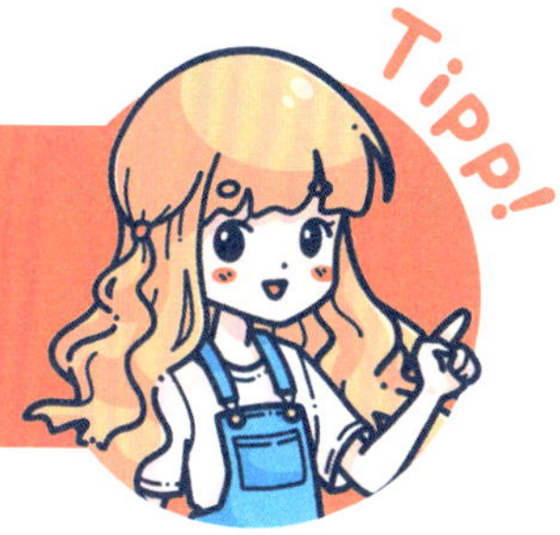

In diesem Übungsbuch findest du noch viele weitere Zeichnungen, denen du ebenfalls Outlines geben kannst. Blättere also ruhig noch ein paarmal vor oder zurück, falls du noch mehr üben möchtest.

Probier's aus!

An dieser Zeichnung kannst du nun alles, was du über Outlines gelernt hast, üben und anwenden.

KOLORIEREN MIT BUNTSTIFTEN

Buntstifte hast du wahrscheinlich zu Hause – lass uns heute üben, wie du mit ihnen Farbe in deine Zeichnungen bringen kannst. Dabei kommt auch dein Wissen aus den Schraffurübungen zum Einsatz, denn damit wird auch hier gearbeitet.

Eine Fläche mit Buntstiften ausmalen

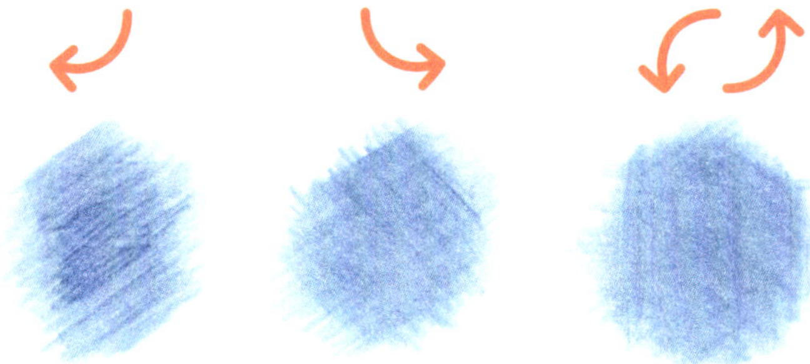

Um mit Buntstiften einen möglichst gleichmäßigen Farbauftrag zu erschaffen, gilt es, mehrmals über eine Fläche zu gehen und dabei so viele Richtungen wie möglich abzudecken. Male also nicht kreuz und quer, sondern gehe konsequent in allen Richtungen – senkrecht, waagerecht und diagonal – mit deinem Buntstift über den Bereich.

Einen Farbübergang erzeugen

Das probieren wir jetzt gleich noch einmal, aber dieses Mal erzeugen wir dabei einen Farbübergang. Nimm also eine zweite Farbe dazu – am besten wählst du eine ähnliche Farbe, also zum Beispiel Gelb und Orange oder Türkis und Blau. Mit der zweiten Farbe malst du dann genau wie mit der ersten in mehreren Richtungen über die Fläche.

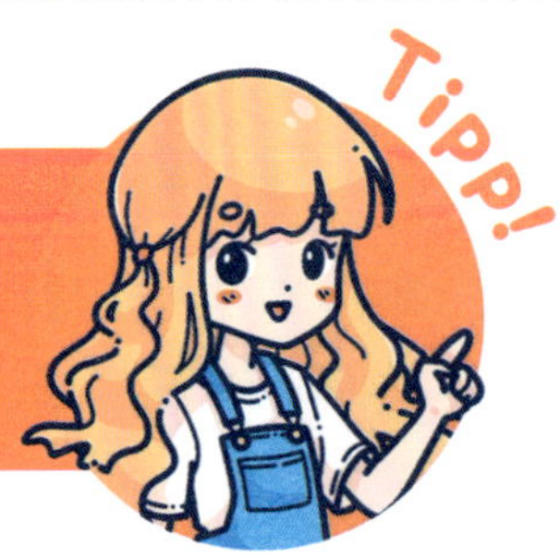

Auf die gleiche Art und Weise kannst du auch einen Übergang von Hell nach Dunkel erzeugen. Nimm einfach eine dunklere Farbe dazu. So kannst du gut Schatten darstellen!

Probier's aus!

Diese Zeichnung kannst du mit Buntstiften kolorieren, nachdem du Outlines gezogen hast.

Farbauswahl-Challenge

Zeit für eine kleine Herausforderung! Suche dir ein Farbmedium deiner Wahl, zum Beispiel Buntstifte – teste aber vielleicht vorher kurz an einer unauffälligen Stelle, ob sich dein Medium mit dem Papier verträgt. Ziehe nun blind aus allen Farben drei heraus und benutze nur diese, um die Zeichnung hier zu kolorieren!

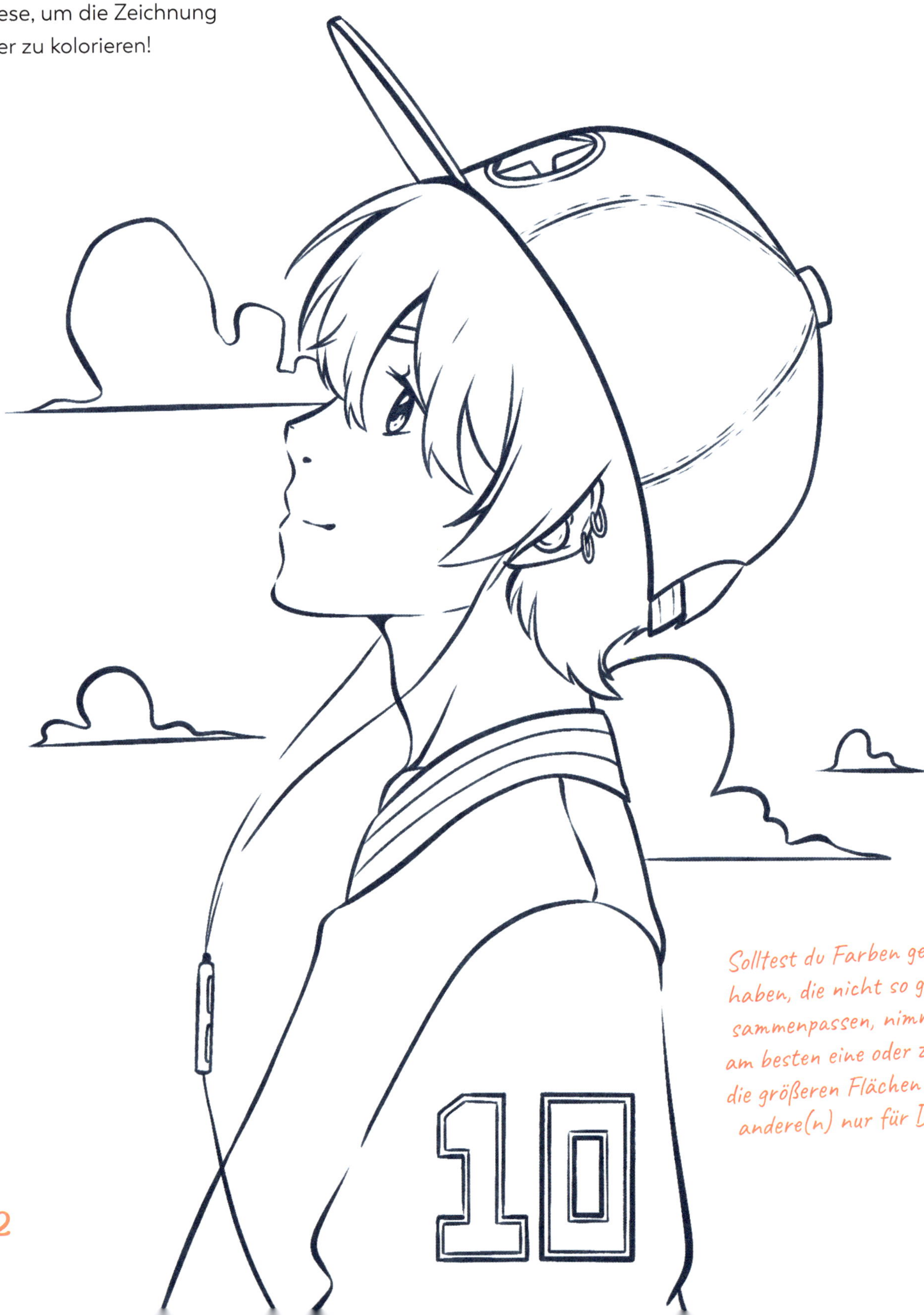

Solltest du Farben gezogen haben, die nicht so gut zusammenpassen, nimmst du am besten eine oder zwei für die größeren Flächen und die andere(n) nur für Details.

SCHATTEN RICHTIG SETZEN

Wenn du in deinen Zeichnungen Licht und Schatten richtig einsetzt, kann das dein Bild enorm verbessern. Falls du noch einmal nachschauen willst, wie sich das mit den Schatten verhält, schlage parallel das Anleitungsbuch auf Seite 62 auf.

Harte und weiche Schatten

Überlege dir bei den Formen unten, wo sich harte und weiche Schatten befinden müssen. Denke daran: Weiche Schatten entstehen durch Umgebungslicht, harte Schatten, wenn das Licht durch etwas blockiert wird oder sich die Lichtquelle sehr nah an deinem Objekt befindet.

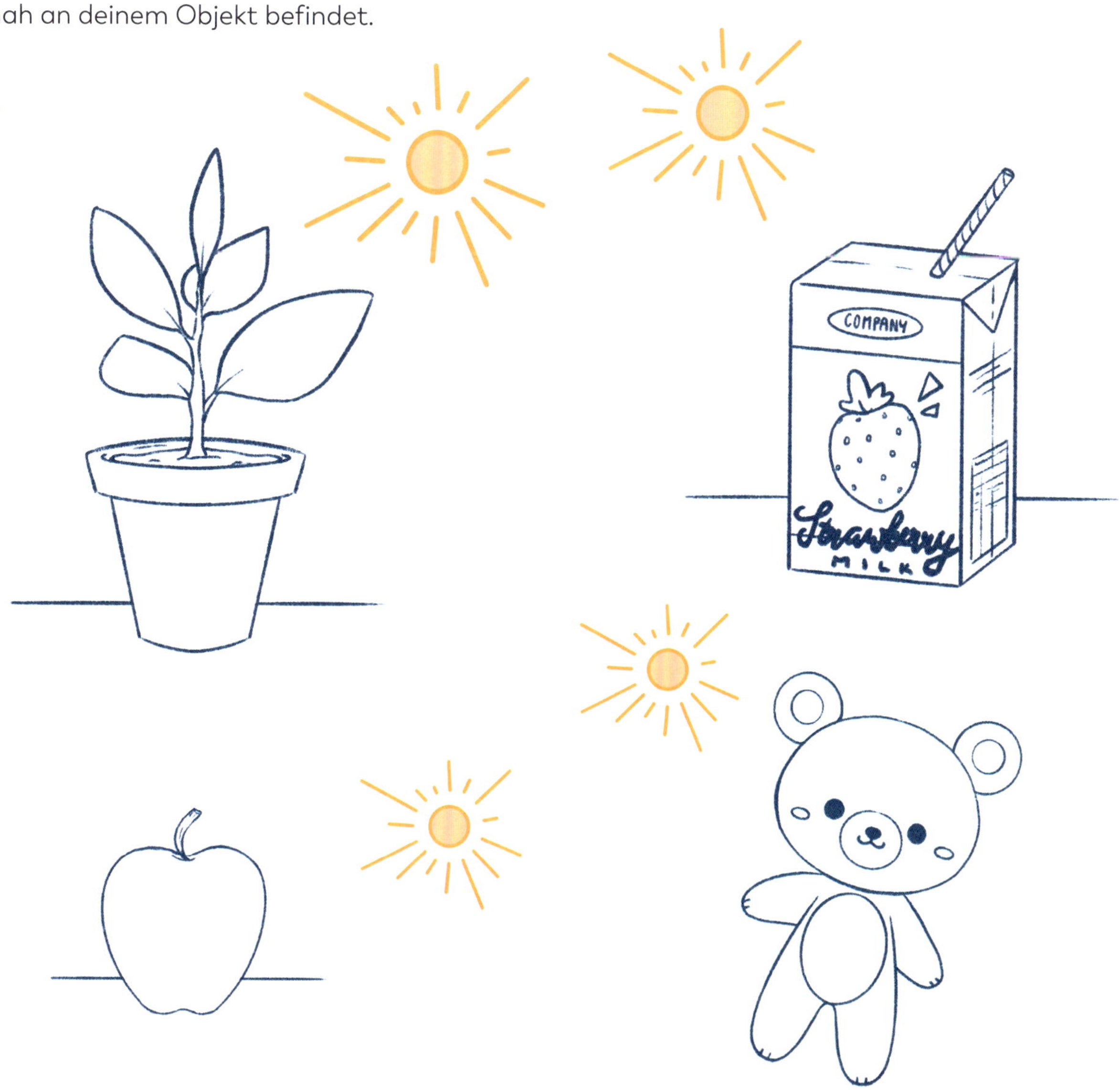

Schatten im Gesicht

Zum Üben von Licht und Schatten findest du hier ein paar Gesichter, bei denen die Lichtquelle daneben eingezeichnet ist. Du kannst hier entweder mit Bleistift, Fineliner und/oder Farbe arbeiten.

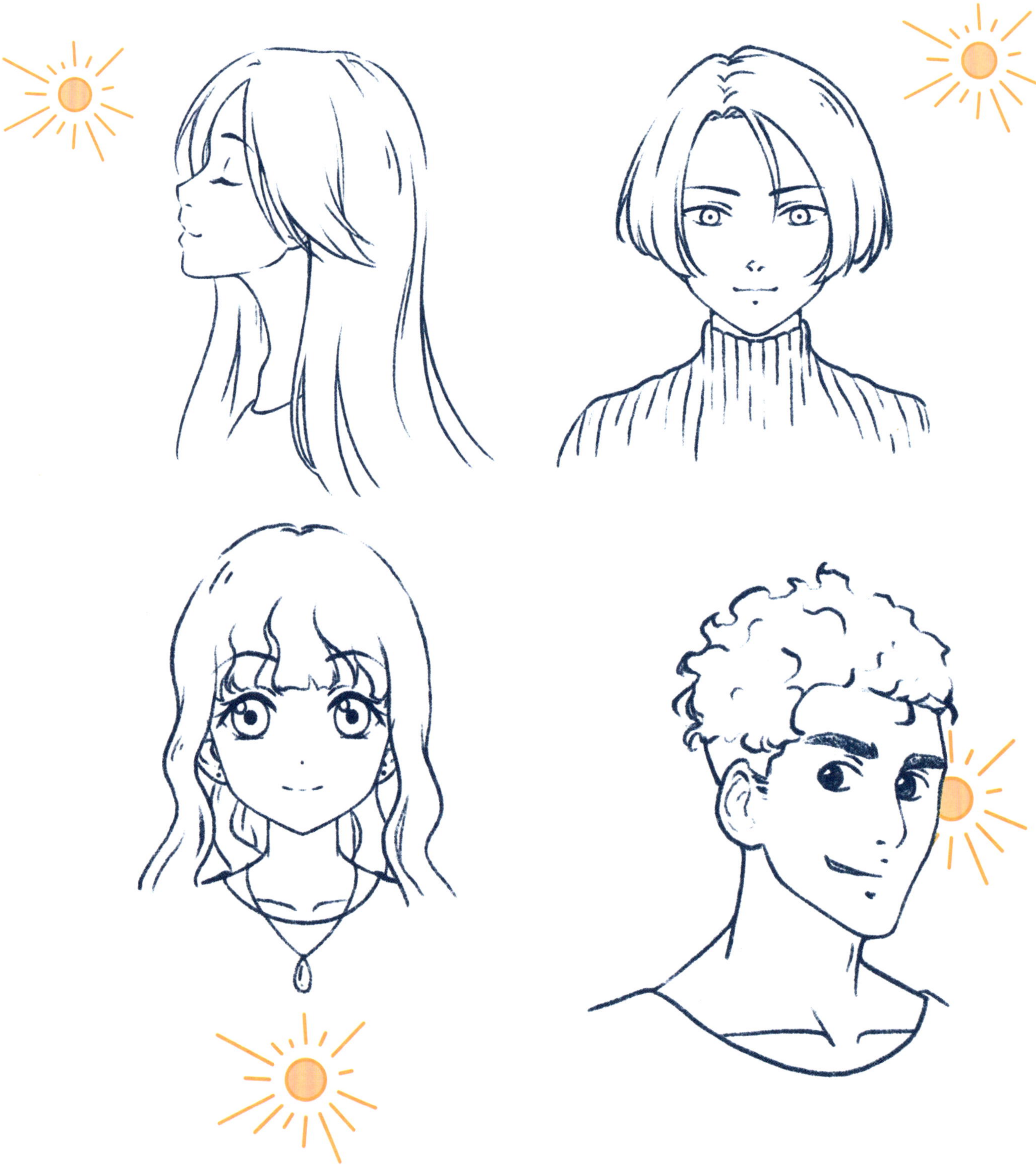

Probier's aus!

Überlege dir zunächst, von wo in dieser Zeichnung das Licht kommen soll. Ziehe als erstes Outlines und koloriere die Zeichnung anschließend, während du ein Auge auf Licht- und Schattensetzung hast.

GESICHTER

Zeit, um Gesichter zu zeichnen! Und zwar direkt aus allen drei Perspektiven, also von vorn, im Halbprofil und von der Seite. Zum Üben sind ein paar Hilfslinien für dich schon eingezeichnet, damit du es etwas leichter hast.

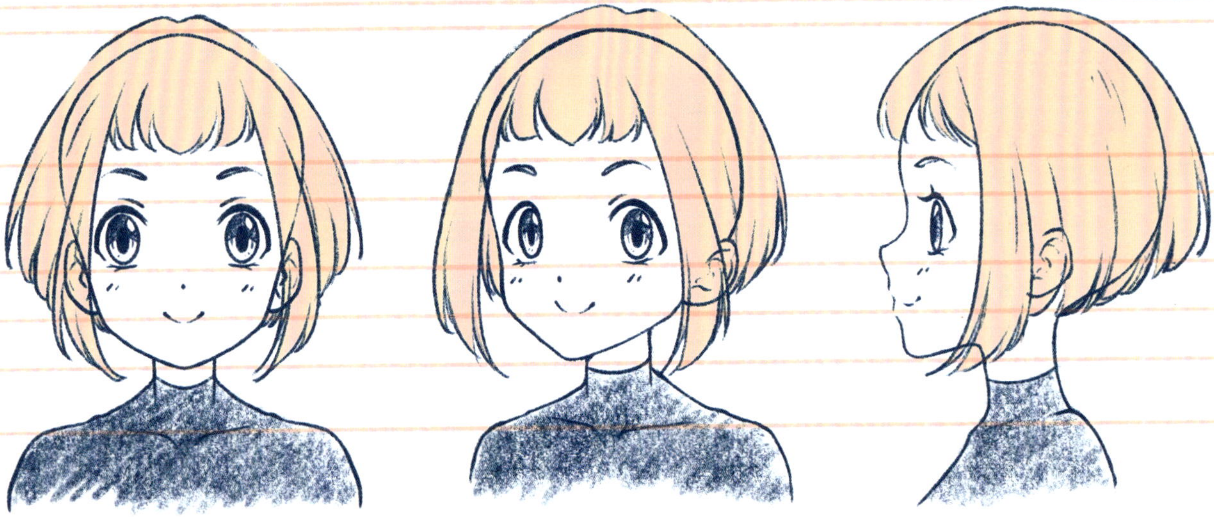

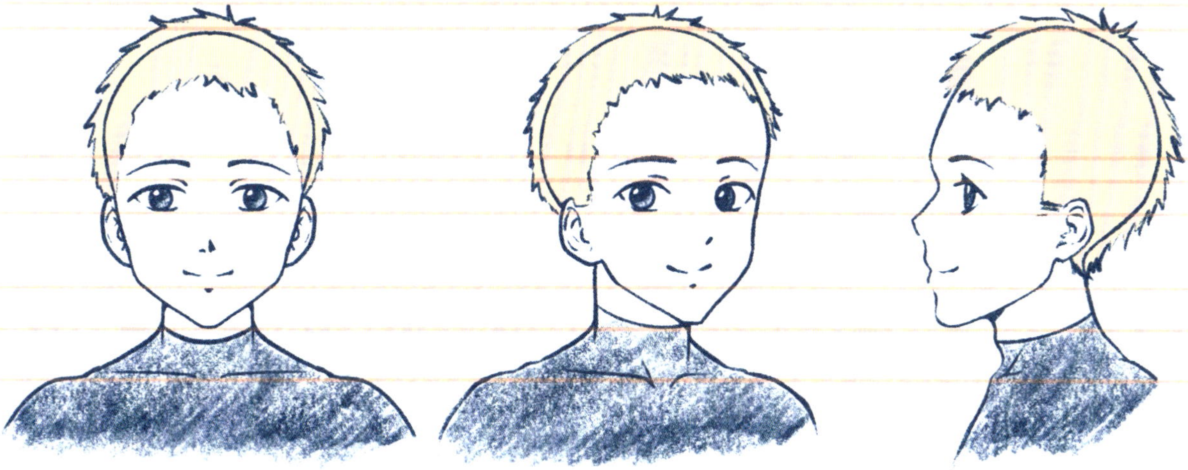

Wenn du einen Charakter häufiger zeichnest, ist es eine gute Idee, die Figur einmal aus allen Perspektiven zu zeichnen. Diese Zeichnungen kannst du dann in Zukunft als Vorlage nehmen, damit dein Charakter möglichst immer gleich aussieht.

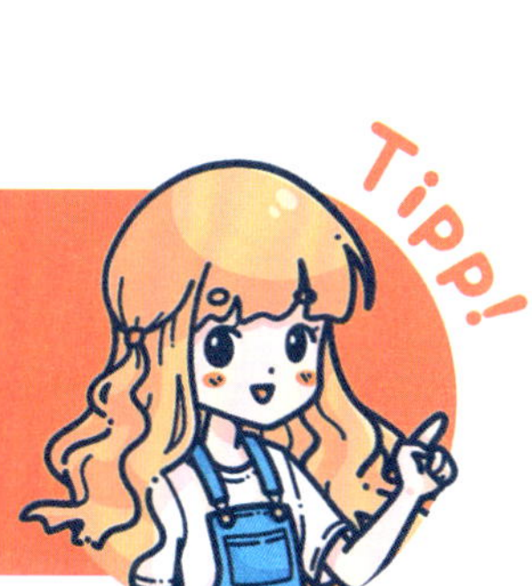

HAARE

Haare zu zeichnen ist gar nicht so einfach und braucht ein bisschen Übung. Schaue auf den Seiten 26ff. im Anleitungsbuch nach, um dir die Tipps zum Zeichnen ins Gedächtnis zu rufen.

Erste Übung

Hier findest du ein paar Köpfe, bei denen die Grundform der Haare schon eingezeichnet ist. Deine Aufgabe ist es nun, die Haare weiter zu verfeinern.

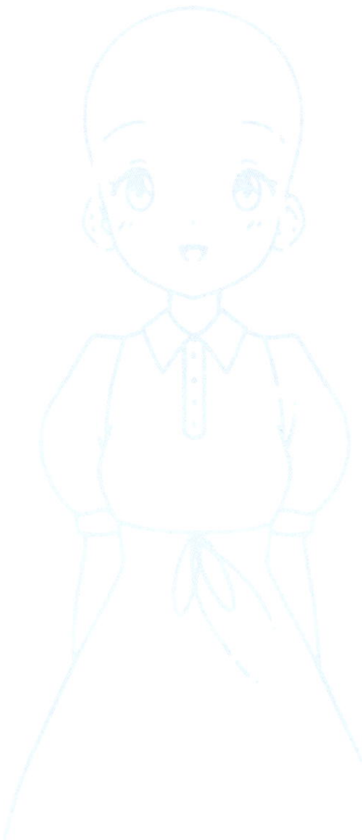

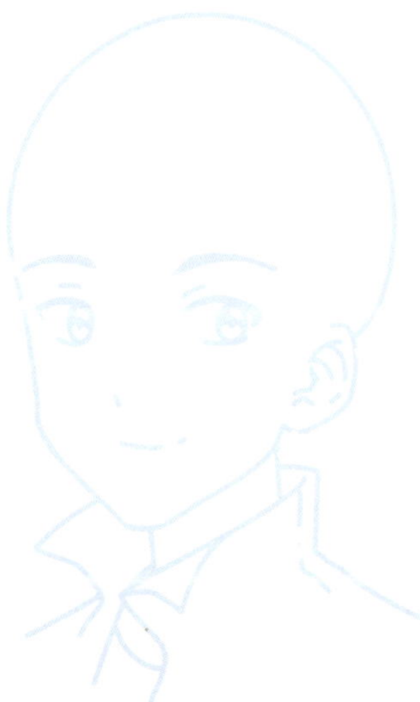

Zweite Übung

Jetzt wird es etwas schwieriger: Du kannst selbst entscheiden, was für Frisuren die vier Figuren bekommen sollen.

Geflochtener Zopf

Wenn du geflochtene Haare zeichnen möchtest, findest du hier eine kurze Anleitung:

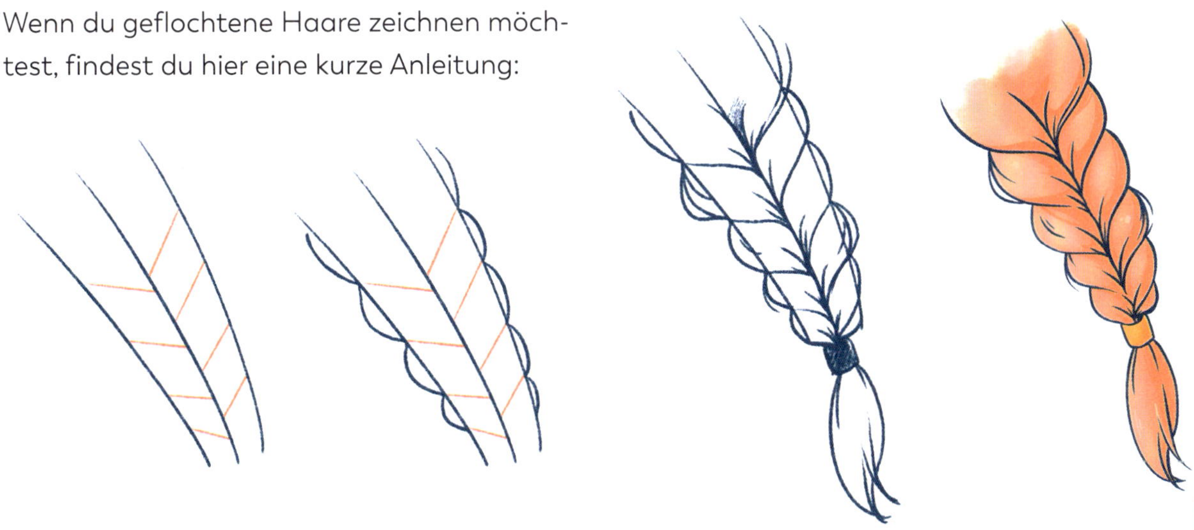

EMOTIONEN

Auf diesen Seiten hast du Platz, um dich am Zeichnen von Emotionen zu probieren. Schau ruhig vorher auf den Seiten 52/53 im Anleitungsbuch nach, um dir noch einmal die grundlegenden Emotionen anzuschauen.

Probier's aus!

In diese Gesichter kannst du ein paar der Emotionen zeichnen, die du kennengelernt hast. Vielleicht fallen dir ja noch weitere Gesichtsausdrücke ein? Wenn du möchtest, kannst du auch unterschiedliche Charaktere erschaffen.

Chibi-Emotionen

Chibis sind kleine, niedliche Charaktere, die man oft in Manga findet. Sie zeigen Emotionen ganz besonders stark und sind gleichzeitig auch noch sehr einfach zu zeichnen! Probiere es direkt einmal aus:

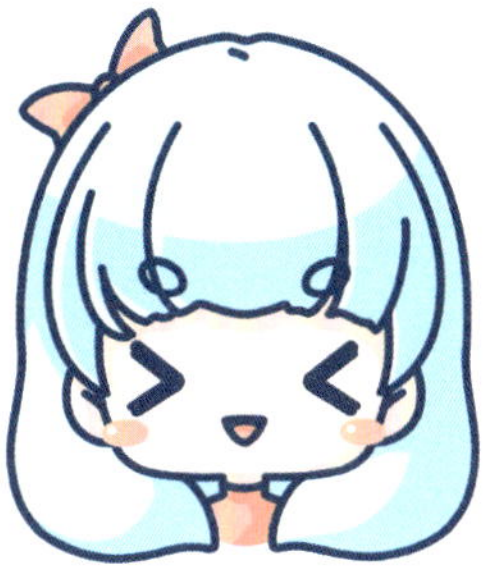

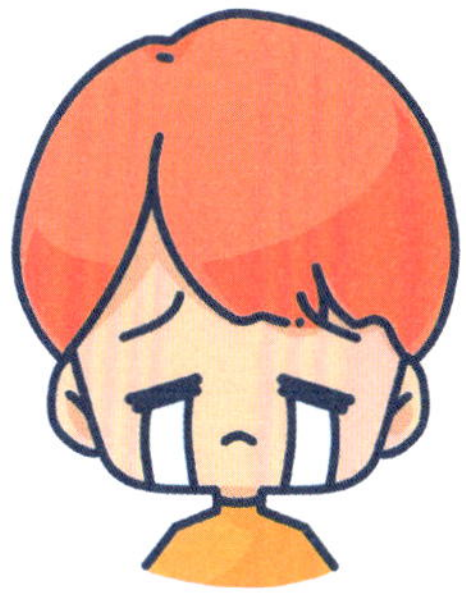

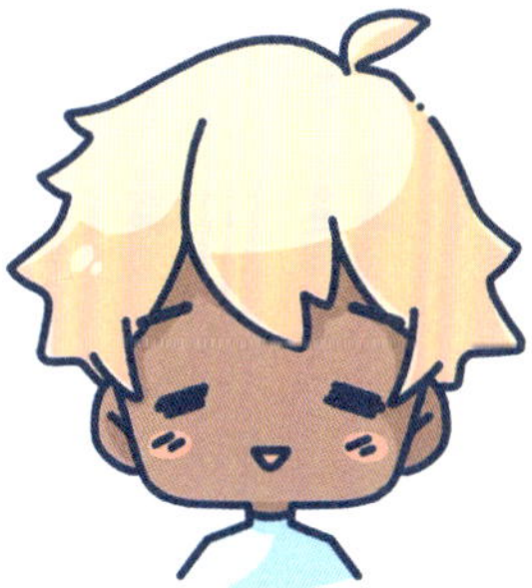

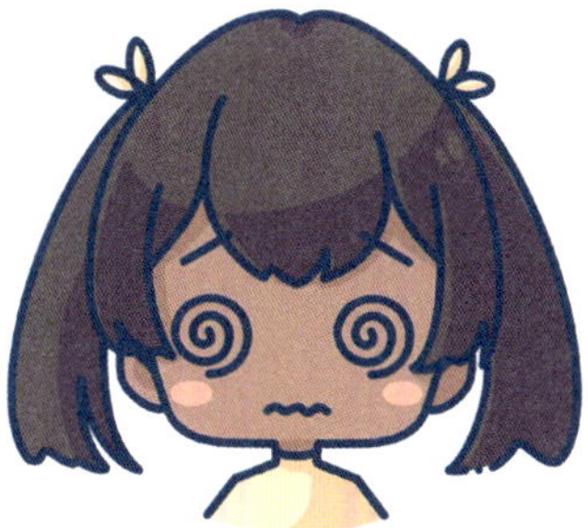

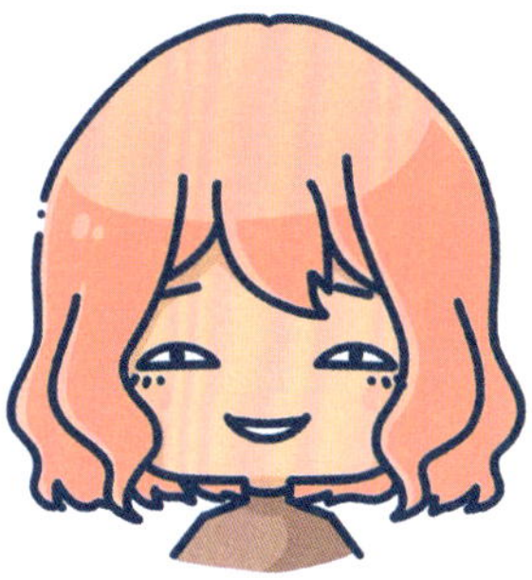

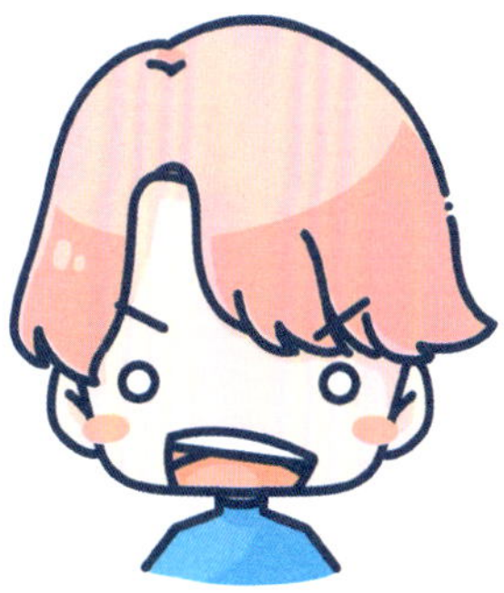

ARME UND BEINE

Auf dieser Doppelseite konzentrieren wir uns auf Arme und Beine deiner Figuren. Im Anleitungsbuch findest du auf den Seiten 38 und 44 wichtige Tipps und Hinweise zum Nachschlagen.

Arme

Links siehst du jeweils eine Armhaltung. Deine erste Aufgabe ist es, dort die Gelenkpunkte als Kreise einzuzeichnen – so wie im Anleitungsbuch auf Seite 38. Als nächstes kannst du dann die Armhaltung in dem freien Bereich selbst konstruieren.

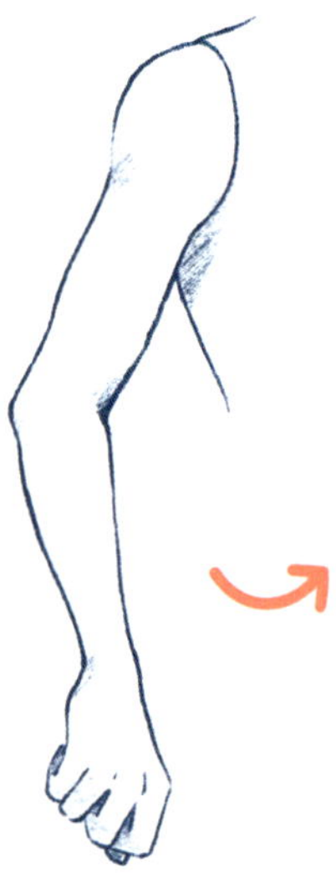

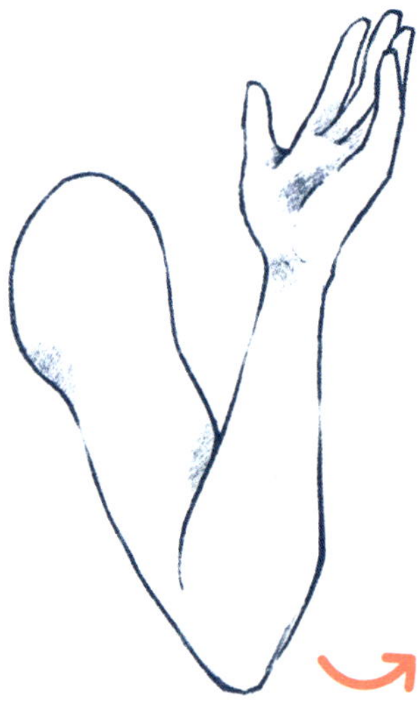

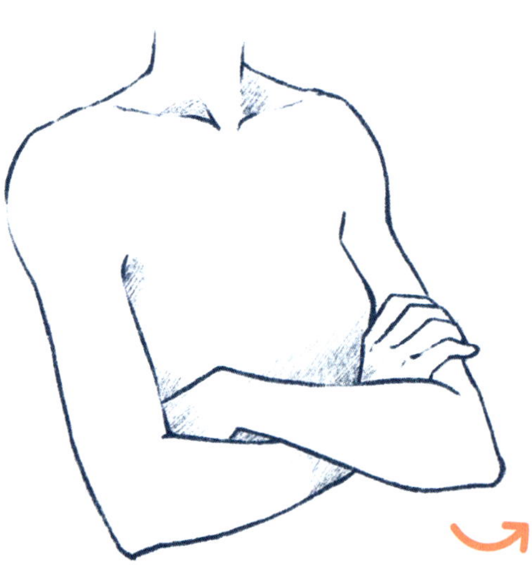

Beine

Das gleiche probieren wir jetzt auch mit den Beinen! Erst zeichnest du die Gelenkpunkte ein, dann kannst du die Beinhaltung selbst konstruieren.

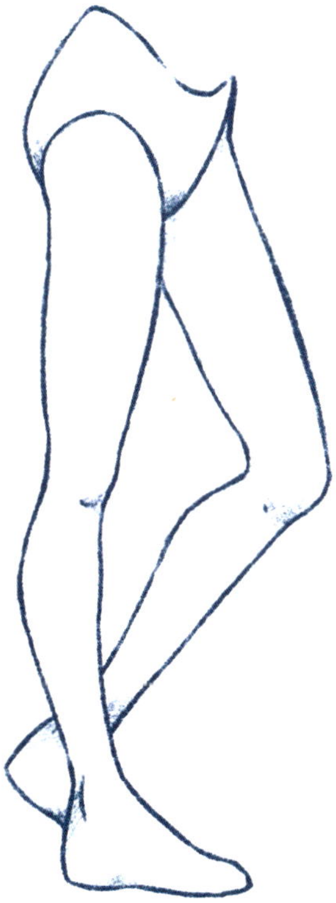

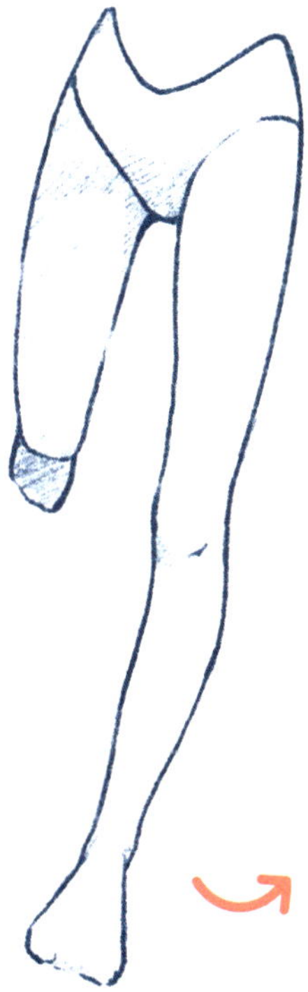

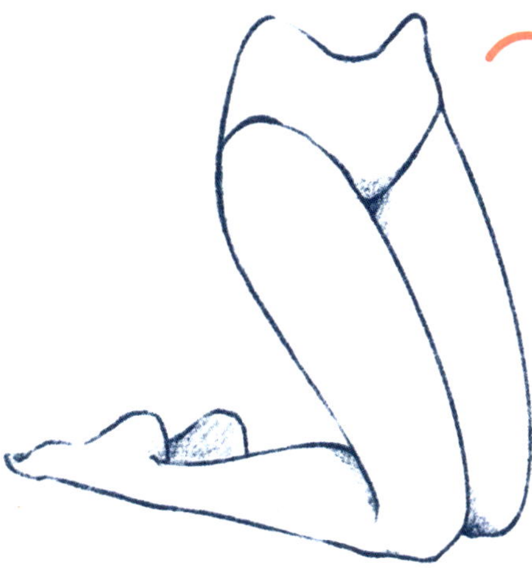

HÄNDE UND FÜSSE

Hier kommt das wahrscheinlich komplizierteste Thema: Hände und Füße. Auf den Seiten 40 und 46 im Anleitungsbuch findest du die notwendigen Tipps und Tricks.

Hände

In die Hände unten kannst du, wie auf Seite 40 im Anleitungsbuch, zunächst die Gelenkpunkte einzeichnen, um den Aufbau besser zu verstehen. Dann hast du in dem Kasten Platz, um sie selbst zu zeichnen.

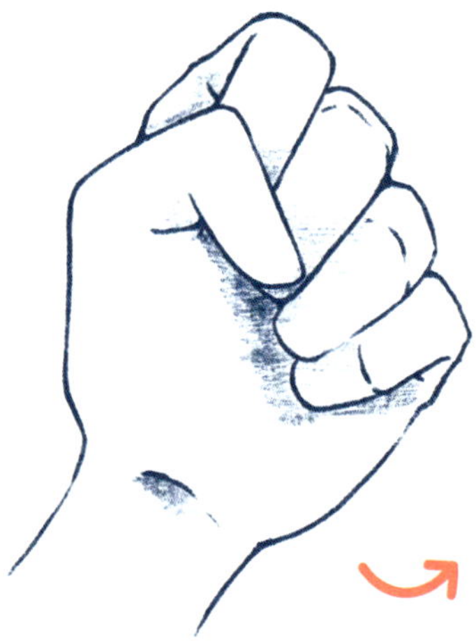

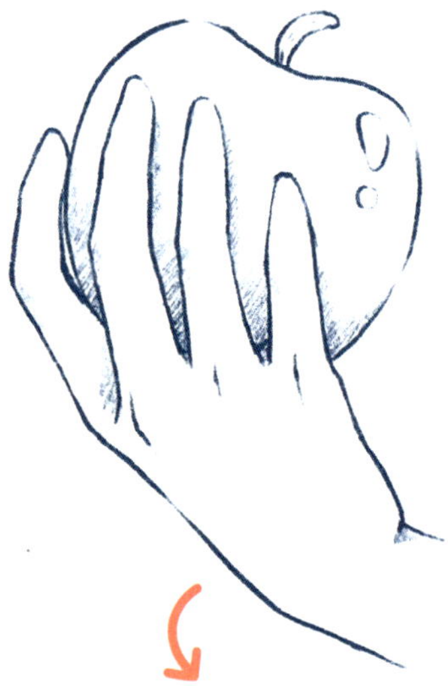

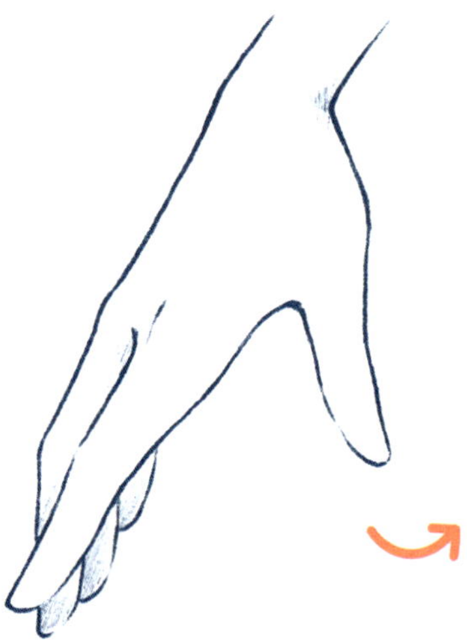

Füße

Jetzt das gleiche mit den Füßen: Hier siehst du ein paar Füße, die du, wie auf den Seiten 46/47 im Anleitungsbuch, in die groben Formen einteilen kannst. Danach geht es ans Selberzeichnen!

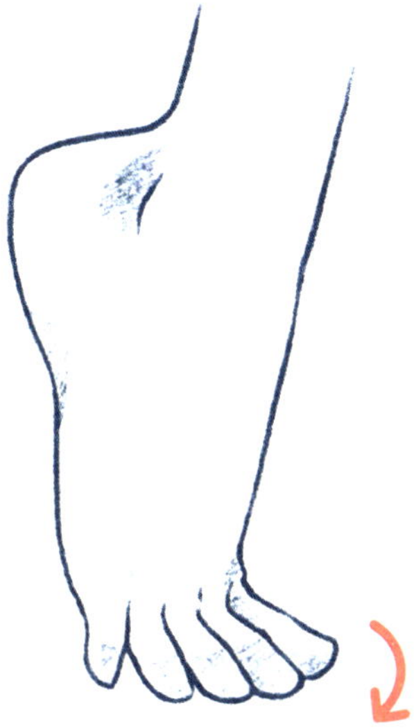

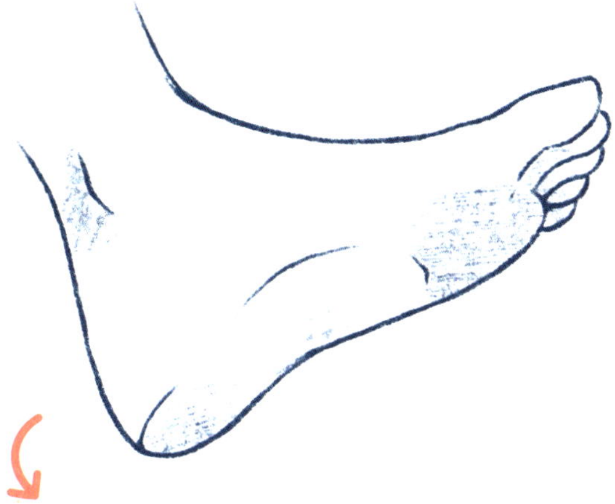

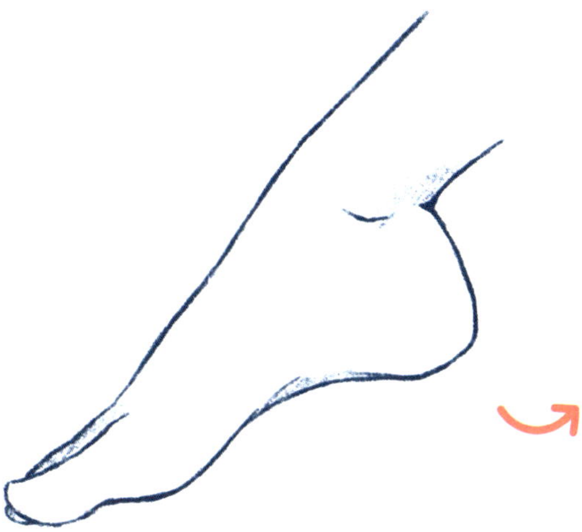

KÖRPER ZEICHNEN

Proportionen sind das nächste Thema. Im Anleitungsbuch findest du auf Seite 34 noch einmal die Tipps zu den richtigen Größenverhältnissen.

Probier's aus!

Neben den zwei Figuren mit Hilfslinien findest du ausreichend Platz, um sie gut abzeichnen zu können. Wenn du eine größere Herausforderung möchtest, versuche gern auch, eine andere Pose zu entwerfen.

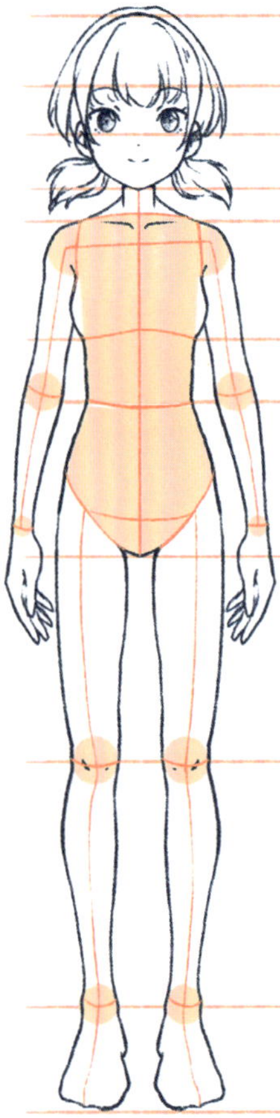

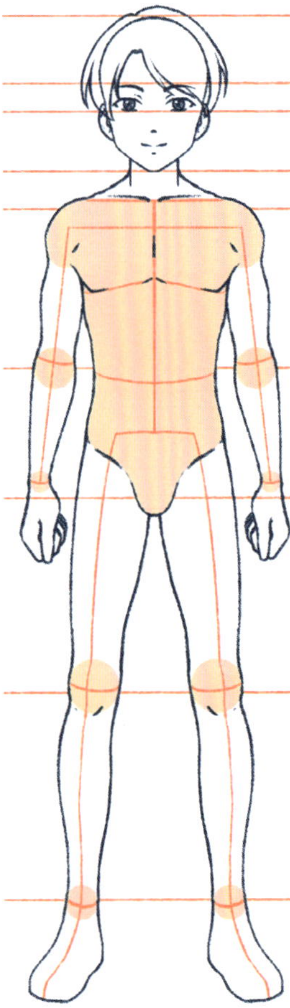

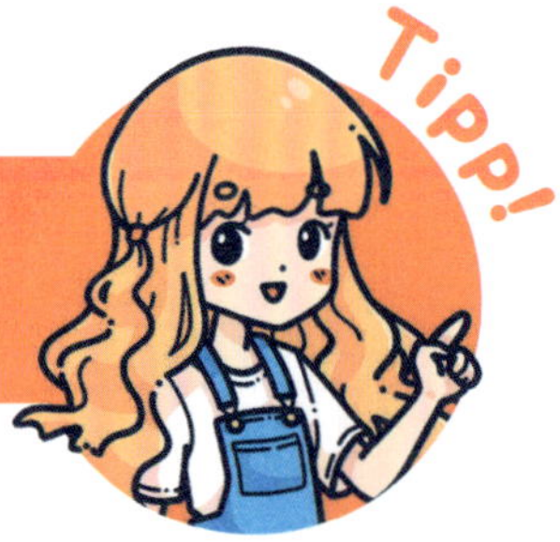

Wenn du fertig bist, kannst du den Figuren auch noch Kleidung anziehen, Outlines ziehen und sie mit Farben deiner Wahl kolorieren.

POSEN ZEICHNEN

Jetzt geht es daran, ein paar Charaktere in Bewegung zu bringen. Blättere dazu gern noch einmal auf den Seiten 49ff. im Anleitungsbuch nach, falls du noch ein paar Tipps benötigst.

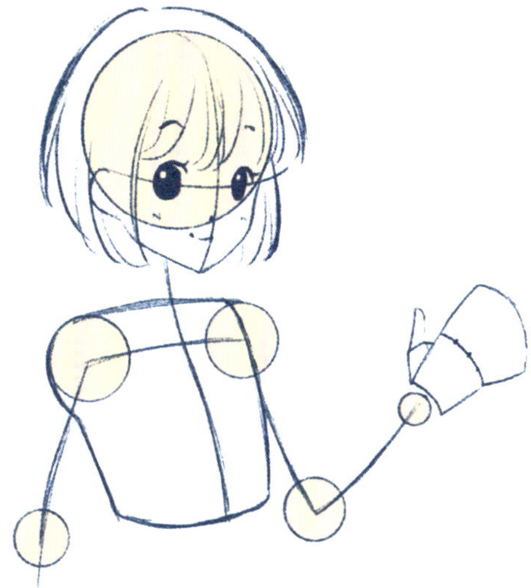

Strichfiguren

Beginnen wir mit ein paar lockeren Skizzen. Überlege dir dazu zunächst ein paar interessante Posen und bringe sie als Strichfiguren zu Papier. Lass dir dabei nicht zu viel Zeit – eine Minute pro Skizze sollte ausreichen.

Verschiedene Posen

Hier siehst du mehrere verschiedene Zeichnungen von Posen. Deine Aufgabe ist es nun, wie auf den Seiten 49/50 im Anleitungsbuch, die groben Formen von Torso, Armen und Beinen sowie die Gelenke einzuzeichnen. Das hilft dir zu verstehen, wie die Posen funktionieren. Danach hast du in dem leeren Kasten noch Platz, sie selbst zu zeichnen.

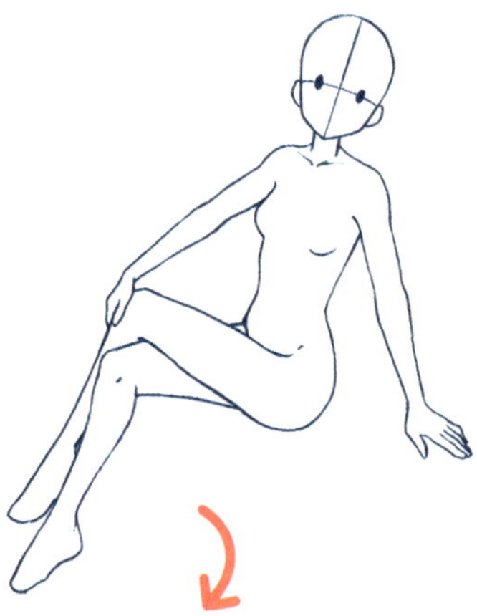

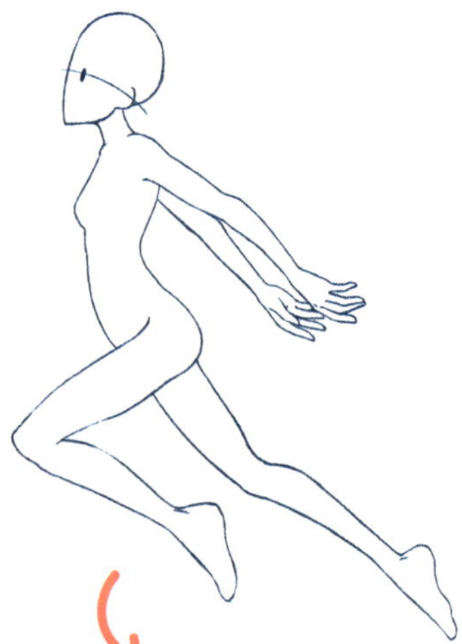

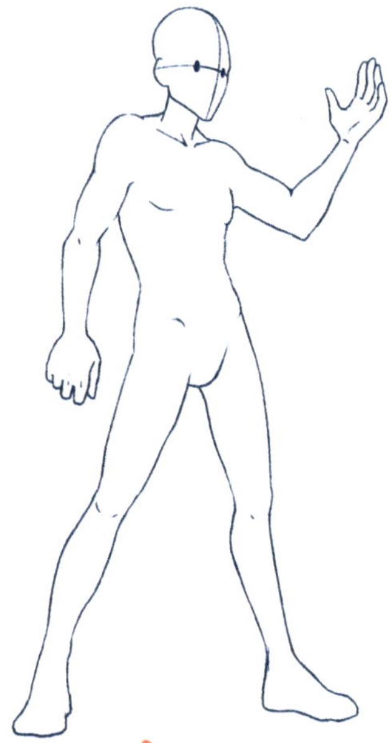

Time Challenge

Zeit für eine weitere Herausforderung! Überlege dir eine Pose und schnapp dir einen Timer. Stelle ihn auf 10 Minuten, 5 Minuten und 1 Minute. Versuche dann, in der vorgegebenen Zeit die gleiche Pose jeweils drei Mal zu zeichnen!

10 Minuten

5 Minuten

1 Minute

10 Minuten

5 Minuten

1 Minute

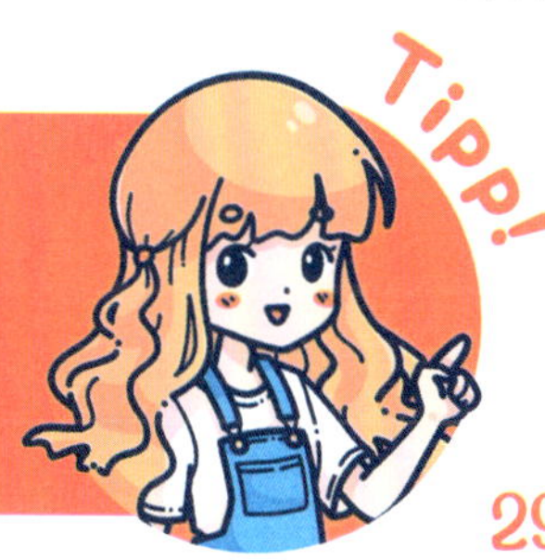

Sich ein Zeitlimit zu setzen ist eine gute Möglichkeit, um sich auf die wichtigsten Formen zu konzentrieren. Daher ist das eine tolle Übung, die du immer wieder machen kannst! Nimm dir auch gern Vorlagen zur Hilfe.

KLEIDUNG UND FALTENWURF

In unserer letzten Übung geht es jetzt darum, ein paar Outfits zu entwerfen. Schau dir am besten noch einmal die Seite 54 im Anleitungsbuch an, um auch das Thema Faltenwurf noch einmal aufzufrischen.

Faltenwurf

Verbinde die unteren Wellenlinien mit dem oberen Bund, um einen Rock zu zeichnen. Du musst dabei nicht alle Linien ganz durchziehen. Diese Technik eignet sich auch gut für lange Kleider oder Umhänge!

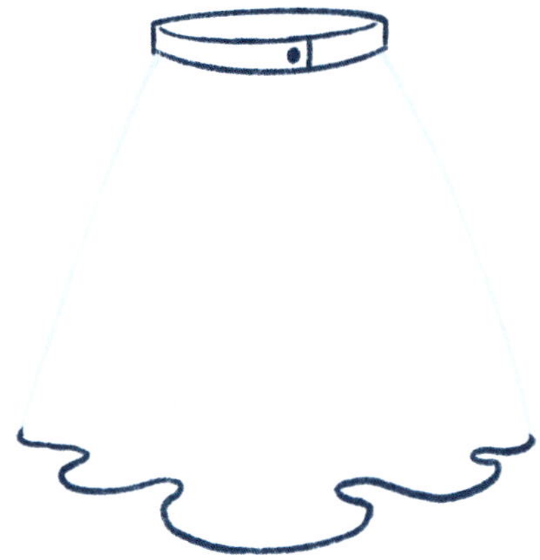

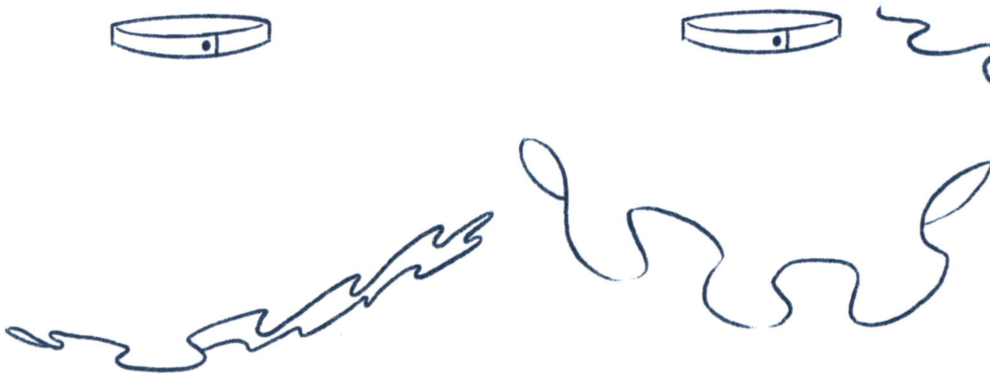

Accessoires

Damit deine Outfits richtig interessant werden, ist es eine gute Idee, ein paar Accessoires hinzuzufügen. Hier sind ein paar Ideen für dich, die du ausprobieren kannst:

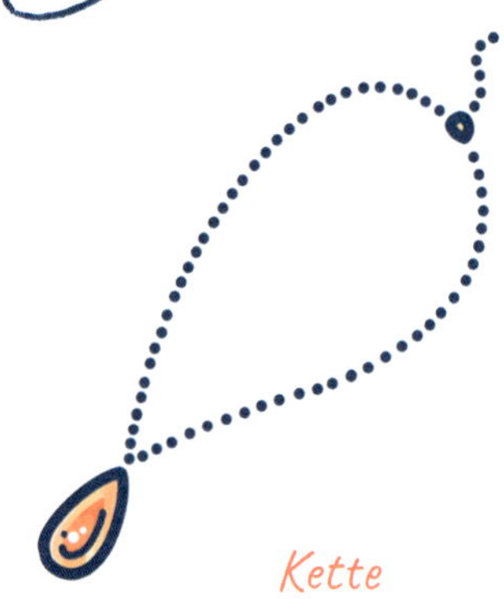

Kette

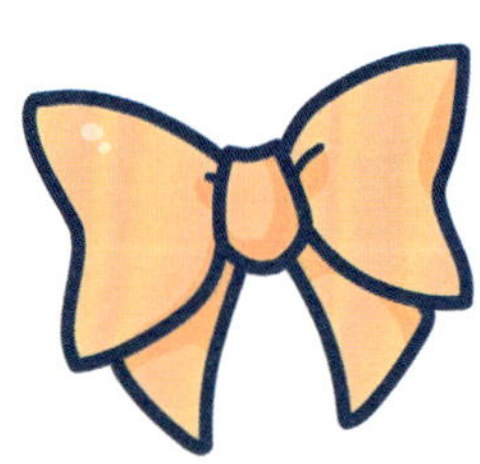

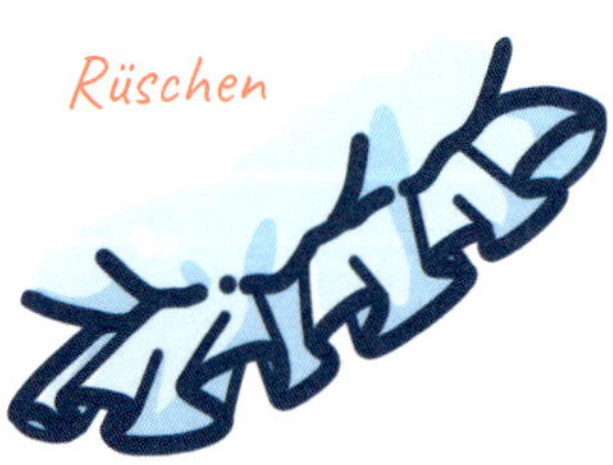

Rüschen

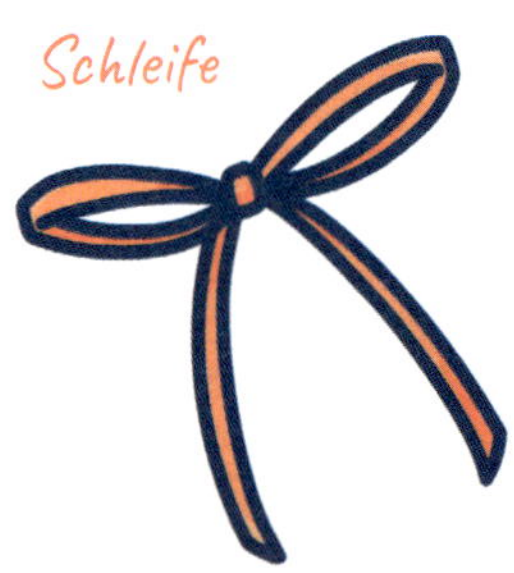

Schleife

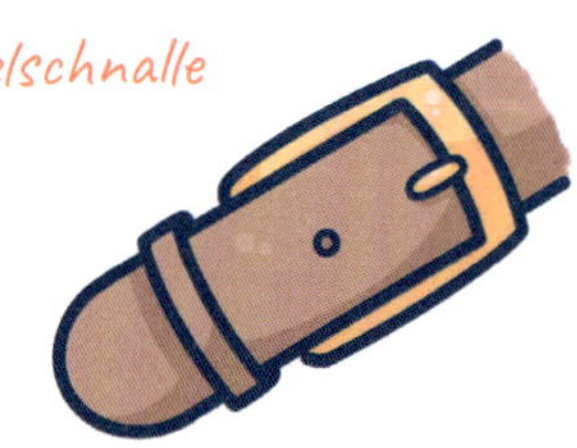

Gürtelschnalle

Outfits

Hier sind zwei Figuren, für die du jetzt ein eigenes Outfit entwerfen kannst! Falls du noch Ideen brauchst –Inspirationen findest du im Internet, in Magazinen oder in Manga.

IMPRESSUM

Wir bedanken uns bei Royal Talens für die freundliche Unterstützung.

Illustrationen und Texte: Chiana
Produktmanagement: Seline Gwinn
Lektorat: Betz Lektorat + Redaktion, Tübingen
Cover und Layout: Tatjana Weiß
Herstellung: Katrin Röhlig
Satz: DSR Werbeagentur Rypka GmbH, Dobl/Graz, www.rypka.at
Druck und Bindung: Tiskárna Grafico s.r.o.

2. Auflage 2023

ISBN: 978-3-7358-8050-5 • Best.-Nr. 28050

MIX
Paper | Supporting responsible forestry
FSC® C187910
FSC
www.fsc.org

Penguin Random House Verlagsgruppe FSC® N001967

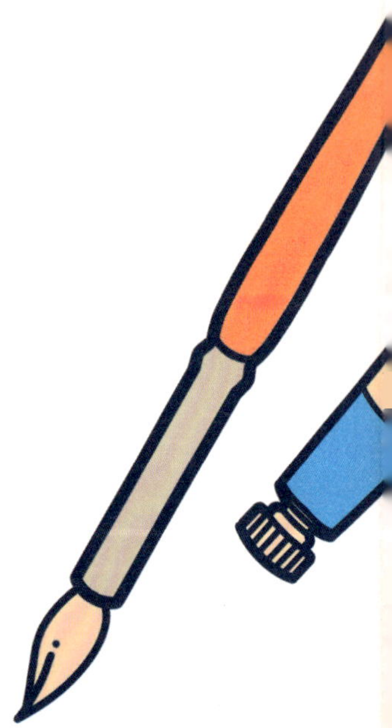